Thomas Hohensee

100 x gelassener

Hundert Fragen und Antworten,
die Ihr Leben verändern können

Besuchen Sie uns im Internet:
www.mens-sana.de

Originalausgabe September 2015
© 2015 Knaur Verlag
Ein Imprint der Verlagsgruppe
Droemer Knaur GmbH & Co. KG, München
Alle Rechte vorbehalten. Das Werk darf – auch teilweise –
nur mit Genehmigung des Verlags wiedergegeben werden.
Redaktion: Ralf Lay
Covergestaltung: ZERO Werbeagentur, München
Coverabbildung: FinePic®, München
Satz: Adobe InDesign im Verlag
Druck und Bindung: CPI books GmbH, Leck
ISBN 978-3-426-65783-6

2 4 5 3 1

Einleitung

Jeder sollte ein Buch so lesen, wie er mag. Ich persönlich tue das auch, unabhängig davon, was der Autor mir rät. Manche Bücher lese ich Wort für Wort, von der ersten bis zur letzten Seite. Bei anderen blättere ich weiter, wenn mich der Inhalt gerade nicht interessiert, und setze meine Lektüre erst fort, sobald mich die Sätze wieder gefangen nehmen. Ich habe auch schon Bücher von hinten nach vorne gelesen, weil mir das reizvoller schien. Dann wieder schlage ich die Seiten einfach irgendwo auf und beginne dort, wo es der Zufall will. Deshalb will ich keine Empfehlung aussprechen, wie Sie dieses Buch lesen sollten. Ich will Ihnen nur sagen, worauf Sie sich bei den verschiedenen Möglichkeiten einlassen. Wenn Sie sich nur einzelne Fragen und Antworten herauspicken, verpassen Sie vielleicht Informationen, die Ihnen das Verständnis erleichtern würden. Im Übrigen spielt die Reihenfolge keine besondere Rolle. Ich habe die Fragen und Antworten nur lose gruppiert, ohne dies nach außen deutlich zu machen.

Mir persönlich macht es mehr Spaß, wenn es etwas zu entdecken gibt, wenn ich die Antworten auf meine Fragen an Stellen finde, wo ich es nicht vermutet hätte. Sonst lässt mein Interesse schnell nach. Die Entdeckerfreude hält mein Interesse wach.

Über das Thema »Gelassenheit« habe ich drei Bücher geschrieben. Aus meiner Sicht bilden sie eine Trilogie, auch wenn es natürlich nicht zwingend ist, sie alle zu lesen. Im ersten Band, »Gelassenheit beginnt im Kopf«, habe ich das Grundkonzept dargestellt. Sie finden es in diesem Buch in verkürzter Form wieder. (Ich verrate jedoch nicht, auf welchen Seiten.) Im Buch »Das Gelassenheitstraining« geht es darum, das Grundkonzept täglich zu üben. Manche glauben, es sei damit getan, einen psychologischen Ratgeber zu lesen. Alles andere ergebe sich von selbst. Diesem verbreiteten Irrglauben wollte ich mit dem zweiten Buch entgegentreten und Ihnen eine praktische Anleitung an die Hand geben. »Gelassenheit beginnt im Kopf« und »Das Gelassenheitstraining« verhalten sich wie Theorie und Praxis zueinander. Die Trennung ist allerdings keineswegs strikt. Viele LeserInnen haben allein durch das erste Buch zu mehr Gelassenheit gefunden.

Das erste Buch dieser Reihe erschien 2004. Seitdem habe ich zahlreiche Interviews gegeben, Seminare abgehalten und Menschen im Einzelcoaching geholfen, sich von ihrem Stress zu befreien. Dabei sind bestimmte Fragen immer wieder aufgetaucht. Einerseits um mir die Mühe zu sparen, meine Antworten ständig wiederholen zu müssen, andererseits um das offensichtlich bestehende Interesse zu befriedigen, habe ich einige der häufigsten Fragen hier zusammengefasst und sie um weitere ergänzt, die mir zur Abrundung des Themas sinnvoll erschienen.

Ich lese in Zeitschriften als Erstes die Interviews. Falls Ihnen das ähnlich geht, kommen Sie hier auf Ihre Kosten. Im Grunde genommen können Sie es als ein langes Interview mit mir lesen, was es in Ausschnitten ja tatsächlich war.

Für diejenigen LeserInnen, die den Reiz noch etwas steigern möchten, wäre es eine gute Idee, jede Frage erst einmal selbst zu beantworten, zumindest in Ansätzen. Danach können Sie Ihre Antwort mit meiner vergleichen. Sie würden damit dem Eindruck entgehen, Sie hätten alles schon gewusst, was ich in diesem Buch schreibe. Manche Antworten mögen selbstverständlich erscheinen – meist allerdings erst, nachdem man sie gelesen hat.

Meine Theorie der Gelassenheit zu verstehen ist nicht besonders schwer. Sie leuchtet vielen sofort ein. Das Problem beginnt, wenn es darum geht, in Stresssituationen daran zu denken, um dann anders reagieren zu können. Das erfordert wie gesagt ein tägliches Training. Niemand käme wohl auf die Idee, Fitness zu erlangen, ohne etwas dafür tun zu müssen. Gelassen und entspannt zu bleiben, wenn andere an die Decke gehen, erhoffen sich dieselben Menschen jedoch ohne entsprechende Übung. Eigentlich ist es nicht einmal meine Theorie. Die Erkenntnis, wie man gelassen bleiben kann, ist sehr alt. Das Alter steht allerdings in keinem Verhältnis zu ihrer Verbreitung. Noch immer weiß nur eine Minderheit, wie man Stress wirksam bewältigen kann. Was dieses Problem angeht, sind wir leider weitgehend Analphabeten. Ich freue mich deshalb, dass Sie sich entschlossen haben, zu den Gelassenheitskundigen zu gehören. Sobald Sie es selbst können, bringen Sie es bitte anderen bei. Die Menschheit ist in keinem guten Zustand und könnte angesichts der vielen Kriege und Krisen dringend mehr Entspannung vertragen.

Ich habe den Eindruck, dass ich beim Schreiben dieses Buchs gelassener geworden bin. Vieles ist mir noch bewusster geworden. Ich hoffe, dass es Ihnen beim Lesen ebenso geht.

Hundert Fragen und Antworten, die Ihr Leben verändern können

1. Warum sind wir immer wieder so gestresst?

Für die meisten ist Stress heute zu einer Gewohnheit geworden. Auf bestimmte Herausforderungen des Lebens reagieren wir automatisch gereizt, obwohl es eigentlich nicht nötig wäre. Es fehlen die Vorbilder, unter äußerem Druck innerlich entspannt zu bleiben. Die wenigsten haben Alternativen vor Augen, um anders als ärgerlich, verängstigt oder deprimiert auf Situationen antworten zu können, die sich nicht so entwickeln, wie sie das gerne hätten.

Die Einstellung zu Stress ist in unserer Gesellschaft zwiespältig. Man kommt sich wichtig vor, wenn man sehr eingespannt ist, wenig Zeit hat und alle Aufgaben des Alltags gerade so eben auf die Reihe bekommt. Dann kann man sich gegenseitig erzählen, wie schwer man es hat. Kaum jemand möchte da abseitsstehen. Es wird beispielsweise allgemein erwartet, dass Menschen vor Prüfungen aufgeregt sind. Ist es jemand nicht, wird dies mit Verwunderung, ja Misstrauen gegenüber seiner Einstellung vermerkt.

Erst wenn der Stress ernsthafte Schäden an Körper, Geist und Seele nach sich zieht, ändert sich die Bewertung. Während man zuvor noch halb damit kokettierte, so unter Druck zu stehen, will man plötzlich alle Lasten loswerden. Man hat mit dem Feuer gespielt. Jetzt merkt man, dass es ungemütlich heiß geworden ist.

Wenn der Stress chronisch geworden ist, kommt man jedoch nicht so schnell aus seinen Mustern heraus. Der bloße Vorsatz, das Leben zu ändern und mehr Entspannung zuzulassen, reicht jedenfalls nicht. Die alten Gewohnheiten im Denken, Fühlen und Handeln holen einen schnell wieder ein.

Nur große Entschlossenheit kann Wege zur Gelassenheit öffnen. Halbherzige Versuche führen dagegen zu nichts. Erst wenn man die eigenen Stressmuster im Denken und Handeln

Situation für Situation auflöst, wird dauerhafte Entspannung zur gelebten Realität. Gelassenheit kann man genauso wie körperliche Fitness trainieren. Das wissen viele noch nicht. Manchmal sind sie auch einfach zu bequem, aktiv zu werden. Sie hoffen, der Stress möge sich von allein auflösen. Diese Hoffnung ist jedoch illusorisch.

2. Waren die Menschen früher entspannter?

An den Grundtatsachen des Lebens hat sich nichts geändert. Menschen bekommen nicht immer das, was sie sich wünschen. Im Gegenteil: Oft bekommen wir, was wir nicht haben wollen, wie zum Beispiel Krankheiten, eine Trennung oder Scheidung, Unfälle und Naturkatastrophen. Altern und Sterben sind unvermeidlich. Damit muss sich jeder Mensch auseinandersetzen, egal, ob er heute lebt oder vor 5000 Jahren auf der Welt war. Wir vermuten das glückliche, entspannte Leben häufig in der Vergangenheit. Wie schön muss alles gewesen sein, bevor es Terminkalender gab! Bestimmt lagen die Menschen unter hohen Bäumen im Gras und gaben sich dem Wohlleben hin. Die unzerstörte Natur gab ihnen alles, was sie brauchten. Keine Kriege, nur grenzenlose Harmonie!
Ach, wenn es doch so gewesen wäre! Leider besagen die Zeugnisse, die wir aus früheren Zeiten besitzen, etwas anderes. Das Leben war noch vor wenigen Jahrzehnten viel beschwerlicher als heute. Es gab keine Waschmaschinen, keine Geschirrspüler, keinen Pizzaservice, keine Autos, keine Telefone und keine Computer. Wenn jemand in Not war, kam nicht binnen Minuten ein Arzt.
Die hygienischen Verhältnisse waren in den Dörfern und Städten oft katastrophal. Sie bildeten einen Nährboden für die grassierenden Seuchen, die ständig wiederkehrend einen Großteil der BewohnerInnen bereits in jungen Jahren dahinrafften.
Das Essen und Trinken war kein Genuss. Die meisten mussten mit einfachen Getreidebreien, Brot, Kartoffeln und Wasser vorliebnehmen. Aber bereits das war ein keineswegs selbstverständliches Privileg; denn die Angst zu verhungern war angesichts von schlechten Ernten oder plündernden Soldatenbanden jederzeit vorhanden.
Nie waren die äußeren Voraussetzungen für ein entspanntes

Leben besser als heute. Leider sind die Umstände keine Garantie für mehr Gelassenheit. Sonst müssten die meisten Menschen vor Entspannung und Glück schier platzen. Wir haben uns Wohn- und Lebensverhältnisse geschaffen, von denen frühere Generationen nur träumen konnten. Sie wären unglaublich neidisch auf uns gewesen.

3. Werden wir irgendwann in einer Welt ohne Stress leben?

Das hängt davon ab, wie viele Menschen lernen, sich in Situationen zu entspannen, in denen sie bisher mit Stress reagiert haben. Von allein wird das nicht passieren. Könnte man Gelassenheit in Tüten kaufen, wäre das Problem längst gelöst. Aber durch Geld oder materiellen Besitz ist Entspannung nicht zu bekommen. Sonst hätte sie in den letzten Jahrzehnten ständig zunehmen müssen. Das Gegenteil scheint jedoch der Fall zu sein. Erschöpfungszustände und Burn-out haben nie gekannte Ausmaße angenommen. Das moderne Leben scheint vielen nicht gutzutun.

Gelassenheit ist ausgeschlossen, wenn man mit seinen Emotionen nicht zurechtkommt. Ständige Sorgen, Ängste, Aggressionen, Enttäuschungen und andere belastende Gefühle machen anhaltende innere Ruhe unmöglich. Leider sind wir, was unsere Gemütsbewegungen angeht, so etwas wie emotionale Analphabeten. Den meisten ist überhaupt nicht klar, wie Gefühle entstehen und vergehen. Sie haben den Eindruck, ihnen hilflos ausgeliefert zu sein.

Der Vergleich mit der Alphabetisierung gibt jedoch einen gewissen Anlass zur Hoffnung. Noch vor hundert Jahren konnte nur eine kleine Minderheit lesen und schreiben. Diese Situation hat sich durch die Etablierung eines Bildungssystems weltweit gewandelt. Daher ist ohne weiteres denkbar, dass Entspannung und Gelassenheit zu selbstverständlichen Fähigkeiten werden.

Derzeit sind unsere Schulen noch zu einseitig darauf ausgerichtet, Sprachen und Naturwissenschaften zu unterrichten. Der Umgang mit Gefühlen und die Vermittlung sozialer Fähigkeiten steht noch nicht auf dem Lehrplan. Es bleibt jedem selbst überlassen, ob er herausfindet, wie man in schwierigen Situationen gelassen bleiben kann. Die meisten LehrerInnen sind nicht wesentlich besser dran als ihre SchülerInnen, wenn es darum geht, mit Stress klarzukommen. Aber erste Ansätze für eine Ausbildung in Gelassenheit sind bereits erkennbar. Einzelne LehrerInnen, Schulen und Universitäten bieten die Möglichkeit an, Meditation, Entspannung oder Glück zu lernen.

4. Stress ist doch unvermeidbar. Was soll das Gerede über Gelassenheit?

Richtig ist, dass ein gewisses Maß an Stress zum Leben gehört. Wenn eine Gefahr droht, ist Angst eine gesunde Reaktion. Ebenso können Aggressionen notwendig sein, um sich angemessen zu verteidigen. Enttäuschungen signalisieren einem, dass bestimmte Erwartungen in Zukunft besser unterbleiben sollten.
Aber solche Situationen stellen die Ausnahme dar. Die Welt ist nicht besonders gefährlich. Sonst hätte die Menschheit nicht auf sieben Milliarden anwachsen können. Natürliche Feinde kommen selten vor, so dass Aggressionen fast nie angemessen sind. Sehr viele Menschen können sich so viele Wünsche erfüllen, dass Enttäuschungen eigentlich keine große Rolle spielen sollten.
Die tatsächlichen Gefahren stehen in keinem Verhältnis zu den eingebildeten. Viele Leute sind nicht deshalb so genervt, weil der Alltag so schwierig wäre, sondern weil sie Kleinigkeiten überbewerten. Wenn man häufig enttäuscht ist, liegt es vielleicht nur daran, dass die Erwartungen an die Umwelt überzogen sind.
Unter dem Strich bedeutet das, dass ein Großteil des Stresses durch eine realistischere Einstellung vermeidbar wäre. Ständige Sorgen sind in vielen Fällen eine schlechte Angewohnheit und damit völlig unnötig.
Würde sich die Menschheit zu mehr Kooperation statt Konkurrenz entschließen, ließe sich das Ausmaß des Stresses weiter verringern.
Die Zügelung der Gier könnte ebenfalls dazu beitragen, dass die Welt friedlicher würde. Die Jagd nach Erdöl und anderen Bodenschätzen bringt immer wieder neue Kriege mit sich. Dabei wäre heute schon die Umstellung auf alternative Energiequellen möglich. Ein sparsamerer Umgang mit

Ressourcen könnte an die Stelle maßloser Verschwendung treten.
Die durch Gier, Hass und Unwissenheit hervorgerufenen Stresserscheinungen könnten weitgehend überwunden werden. Sie sind weder gottgewollt noch der Natur des Menschen zuzurechnen. Daher wäre ein entspannterer, freundlicherer Umgang miteinander äußerst wünschenswert.
Sehr viel Stress ist vermeidbar. Gelassenheit ist eines der wichtigsten Gegenmittel gegen unnötige Aufregung.

5. Der Buddha behauptete, das Leben sei Leiden. Auch im Christentum ist das Leiden ein zentrales Thema. Beweisen diese jahrtausendealten Lehren nicht, dass Gelassenheit ein Ding der Unmöglichkeit ist?

Der Buddha hat zwar auf das allgegenwärtige Leiden in der Welt hingewiesen, aber sein eigentliches Thema war, wie man es überwinden kann. Ihm selbst ist das gelungen. Deshalb wird er in Bildnissen entspannt und lächelnd dargestellt. Die ursprüngliche Lehre des Buddha enthält zahlreiche Hinweise darauf, wie man es trotz der vielen Herausforderungen und Probleme schaffen kann, inneren Frieden zu finden.

Der gekreuzigte Jesus ist zum Symbol des Christentums geworden. Sein Leiden bei seiner Hinrichtung wird von Christen häufig thematisiert. Es wird in einen Zusammenhang gestellt mit anderen Formen des Schmerzes, den Menschen erfahren. Insofern ist die Leiderfahrung tatsächlich ein zentrales Thema im Christentum.

Andererseits darf man nicht vergessen, dass dies erst nach dem Tod ihres Religionsbegründers geschah. Jesus selbst hat die Nächstenliebe (einschließlich der Feindesliebe) in den Mittelpunkt seiner Lehre gestellt. Wir müssen also unterscheiden zwischen dem, was er lehrte, und dem, was seine AnhängerInnen aus seiner Botschaft gemacht haben. Es ist sicherlich nicht im Sinne Jesu, dass im Namen Gottes Kriege geführt und Kriegsschiffe nach ihm benannt werden. Alle Verstöße gegen die Nächstenliebe verursachen vermeidbares Leid.

Außerdem enthält die Bibel mit dem Buch Hiob eine großartige Geschichte darüber, wie jemand, dem alles genommen wird, dies relativ gelassen erträgt und am Ende ein Vielfaches des Verlorenen zurückerhält.

Gelassenheit ist keine »Schönwetterübung«, also nicht nur für die schönen Tage bestimmt. Gerade wenn das Leben Schmerz und Leid mit sich bringt, stellt Gelassenheit eine große Hilfe dar, um damit fertigzuwerden.

6. Gehören Stress und Gelassenheit im Leben zusammen?

Ja und nein. Einerseits ist Stress eine Tatsache des Lebens. Ein Teil davon ist unvermeidbar. Wenn jemand stirbt, den man mag, ist dies kein Grund zum Jubeln. Bei einer Kündigung ist eine gewisse Besorgnis über den weiteren Berufsweg durchaus angebracht. Trennen sich zwei Menschen, die sich einmal geliebt haben, dann ist das schon etwas traurig.
Im Taoismus wird die Einheit der Gegensätze betont. Yin und Yang bilden zusammen ein Ganzes. Auf Anspannung folgt Entspannung und umgekehrt. Sowohl Freude als auch Leid sind Erfahrungen, die alle Menschen machen. Ohne Hell gäbe es kein Dunkel. Ohne Stress wüsste man überhaupt nicht, was Gelassenheit ist. Wir brauchen den Kontrast, um Dinge erkennen zu können. Deshalb heißt es auch, dass man erst wüsste, was man gehabt hat, wenn man es verliert.
Andererseits ist es wichtig, angemessenen und unangemessenen Stress zu unterscheiden. Leiden kann begründet oder überflüssig sein. Beispiele für angemessenen Stress habe ich oben genannt. Sich über Kleinigkeiten aufzuregen ist nicht nötig. Wenn das Lieblingsgetränk zu Hause nicht mehr vorrätig ist, ist das kein Grund, an die Decke zu gehen. Wer sich über Unhöflichkeiten übermäßig aufregt, sollte lernen, sich mehr zu entspannen.
Gelassenheit ist die beste Antwort auf Stress. Damit kann man sich viel Leid ersparen. Entweder gelingt es einem von vornherein, Ärger zu vermeiden, oder man verringert ihn, sollte er ausnahmsweise berechtigt sein. Wenn man sich entspannt, nimmt die Angstbereitschaft ab. Sorgen haben dann keinen Nährboden. Gibt es jedoch einmal einen wirklichen Anlass, sich zu ängstigen, lässt sich die Furcht auf ein vernünftiges Maß bringen.
Stress ist also nicht in jedem Fall ein Bestandteil des Lebens.

7. Wird uns die sogenannte Positive Psychologie einen Weg zur Gelassenheit weisen?

Lange Zeit haben sich Psychologen, jedenfalls im Bereich der klinischen Psychologie, fast ausschließlich damit beschäftigt, Depressionen und Angststörungen zu heilen. Den menschlichen Schwächen wurde mehr Beachtung geschenkt als den Stärken.

Als Reaktion darauf haben führende amerikanische Psychologen Ende der 1990er Jahre eine neue Richtung begründet, die sie »Positive Psychologie« nannten. Hier geht es um Themen wie »Glück«, »Optimismus« und »Wohlbefinden«. Die Entwicklung von Tugenden spielt bei den Vertretern dieser Schule ebenfalls eine größere Rolle.

Wie schwierig es in der akademischen Welt ist, über positive Emotionen zu sprechen, zeigt die zum Teil sehr scharfe Kritik an diesem Ansatz. Aber auch in den Medien werden Glück, Gelassenheit und Liebe nicht immer wohlwollend dargestellt. Ratgeber zu diesen Themen gelten vielen als suspekt. Unglück, Konflikte und Kriege nehmen im Bewusstsein der Menschen viel Raum ein.

Deshalb ist grundsätzlich sehr zu begrüßen, dass das Glück und Tugenden mehr Aufmerksamkeit bekommen. Falsch dagegen wäre es, übertriebene Erwartungen an die Positive Psychologie zu stellen. Sie wird Trauer, Ängste und Ärger nicht abschaffen können. Es ist unmöglich, immer nur glücklich, gelassen und freundlich zu sein.

Erkenntnis vollzieht sich typischerweise in den drei Schritten These, Antithese und Synthese. In diesem Fall bedeutet es, dass sich die Psychologen zunächst jahrzehntelang ganz überwiegend auf die negativen Emotionen und auf die Abgründe menschlichen Verhaltens geworfen haben. Seit etwa zwanzig Jahren gilt das Interesse nun den positiven Gefühlen sowie den Tugenden. Im dritten Schritt wird das Nebeneinander von

Glück und Unglück stehen, so wie es im Taoismus seit Jahrtausenden der Fall ist.
Eine rationale, wirklichkeitsorientierte Psychologie sieht beides. Sie integriert alle Aspekte menschlicher Erfahrungen. Dass dies in der Vergangenheit nur unzureichend geschehen ist, liegt daran, dass die Psychologie immer noch eine verhältnismäßig junge Wissenschaft ist. Anders als beispielsweise die Physik ist sie kaum hundert Jahre alt. Noch immer weist sie erhebliche Lücken auf. So werden spirituelle Fragen bis heute ausschließlich der Religion und Esoterik überlassen, obwohl es interessant wäre, sich empirisch damit auseinanderzusetzen, das heißt, diese Art menschlichen Erlebens genauer zu erfassen und zu erforschen.
Was die Gelassenheit angeht, sind die grundlegenden Zusammenhänge inzwischen bekannt. Es ist deshalb nicht nötig, auf neue, bahnbrechende Erkenntnisse der wissenschaftlichen Psychologie zu warten.

8. Was versteht man überhaupt unter Gelassenheit?

Gelassenheit ist der entspannte Umgang mit Schwierigkeiten. Wer sich seine Probleme mit großer innerer Ruhe anzuschauen vermag und unaufgeregt auf sie reagiert, darf sich zu Recht als gelassen bezeichnen. Im Gegensatz dazu steht die Person, die angesichts von unangenehmen Ereignissen die Tatsachen dramatisiert und sofort in hektische Betriebsamkeit ausbricht.
Eine entspannte Einstellung zu den großen und kleinen Krisen des Alltags beruht auf einer bestimmten Art zu denken. Unannehmlichkeiten werden nicht aufgebauscht. Die Zukunft wird nicht schwarzgemalt. Es wird kein Druck auf sich und andere aufgebaut. Stattdessen bewahrt ein gelassener Mensch sein inneres Gleichgewicht. Er hält sich an die reinen Fakten und wartet die weitere Entwicklung ab, ohne sich in wilde Phantasien und Katastrophenerwartungen zu stürzen. Außerdem setzt er weder sich noch andere unter Druck.
Besonders wichtig ist es dabei, Tatsachen und Bewertungen zu unterscheiden. Ist man im Kundenservice tätig und bedient das Beschwerdetelefon, so behauptet man nicht, an der »Front« zu arbeiten. Schwierige Mitmenschen sind weder »Vollpfosten« noch »Arschlöcher«, sondern einfach nur schwierig. Ein Auffahrunfall mit einem Sachschaden von 3000 Euro ist keine »Katastrophe«. Dieser Ausdruck bleibt Erdbeben mit Tausenden von Toten und ähnlichen Ereignissen vorbehalten. Man macht die Dinge nicht schlimmer, als sie sind. Dem tatsächlichen Schaden wird nichts hinzugefügt, das Leid nicht künstlich vergrößert. Sachlichkeit und Unaufgeregtheit prägen die Worte. Das Verhalten entspricht denselben Regeln.
Gelassenheit wird oft missverstanden. Sie wird gleichgesetzt mit Gleichgültigkeit, Resignation oder Desinteresse. All dies trifft jedoch nicht zu. Gelassenheit und Engagement sind kein Gegensatz. Vielmehr steigert eine entspannte Haltung effekti-

ves Handeln. Statt in blinden Aktionismus zu verfallen, wählt man angemessene, zum Ziel führende Maßnahmen.
Resignation hat mehr mit Depression als mit Gelassenheit zu tun. Wer resigniert, gibt auf. Damit geht ein Verlust von Energie einher. Ganz anders bei relaxtem Handeln. Man agiert entschlossen, ohne jedoch seine Kräfte zu verausgaben. Auch ist man nicht weniger emotional als die Gestressten. Die Gefühle werden lediglich im Zaum gehalten. Auf Hysterie kann man verzichten.
Gelassene Menschen sind auch fähig, sich durchzusetzen und Konflikte auszuhalten. Da sie nicht Gefahr laufen, ihre Beherrschung zu verlieren, sind sie sogar besser imstande, Probleme anzusprechen und Lösungen auszuhandeln. Sie müssen nicht nachgeben, nur um ihre Ruhe zu haben; denn sie bleiben selbst im Streitfall ruhig.

9. Ist Gelassenheit dasselbe wie Entspannung?

Die beiden Begriffe können synonym verwendet werden. Ich mache das auch oft. Nur im engeren Sinn beziehe ich Entspannung auf den Körper und Gelassenheit auf das Denken, Fühlen und Handeln. Muskeln entspannt man. Gedanken, Emotionen und Verhaltensweisen lässt man los.

Gelassenheit und Entspannung ergänzen sich. Um sich wirklich wohl zu fühlen, braucht man beides. Ein verkrampfter Körper mit chronisch angespannten Muskeln tut weh. Deshalb ist es wichtig, sich (körperlich) entspannen zu können.

Leider haben viele den Kontakt zu sich verloren. Sie spüren ihren Körper nicht mehr. Nur wenn etwas schmerzt, nehmen sie ihn wahr. Oft ist das jedoch kein Anlass, sich ihm mehr zuzuwenden und ihn zu verstehen. Stattdessen wird schnell eine Tablette geschluckt, die den Schmerz vorübergehend betäubt.

Gegen chronisch verspannte Muskeln helfen Entspannungsverfahren am wirksamsten. Am bekanntesten ist in Deutschland das Autogene Training. In den USA ist die Progressive Muskelentspannung nach Jacobson populär. Von Verbreitung kann jedoch nicht wirklich die Rede sein. Die wenigsten Menschen wenden täglich eine Entspannungsmethode an.

Aber nicht nur der Kontakt zum Körper fehlt. Auch ihre Gedanken und Gefühle nehmen viele nicht wahr. Sie denken zwar pausenlos, tun dies jedoch nur selten bewusst. Ihre Emotionen sind den meisten ein Rätsel: Wie entstehen sie? Kann man sie beeinflussen?

Manche haben sogar verlernt, ihre Gefühle zu erkennen und zu verstehen. Sie sind sich nicht darüber im Klaren, ob sie sich ärgern, ängstigen oder deprimieren und wie sie dies aktiv tun. Sie glauben, andere seien für ihr Befinden verantwortlich.

Das einzige Mittel gegen chronische negative Gefühle, das den meisten bekannt ist, sind wiederum Tabletten. Genauso wirksam – oft sogar wirksamer und vor allem nebenwirkungsfrei – sind Verfahren wie die Kognitive Verhaltenstherapie (KVT) oder die Rational-Emotive Verhaltenstherapie (REVT). Sie lassen sich auch präventiv sehr gut einsetzen. Man lernt dabei, sich seine Gedanken und Gefühle bewusst zu machen und so zu ändern, dass man sich (relativ) wohl fühlen kann, egal, was in der Außenwelt passiert.

10. Was tun Menschen am häufigsten, um sich zu entspannen?

Die Einnahme von Tabletten habe ich bereits erwähnt. Der Konsum von Beruhigungs- und Schlafmitteln ist beträchtlich. Jedes Jahr gehen Millionen Packungen über die Ladentische der Apotheken. Bei Antidepressiva ist es genauso.
Zu den legalen Drogen, die zur Entspannung eingenommen werden, zählen auch Alkohol und Zigaretten. Bier und Wein gelten als Genussmittel, was sie tatsächlich auch sein können. Allerdings trinken viele sie nicht nur zum Genuss, sondern auch, um eine entspannende, betäubende Wirkung zu erfahren.
Zigaretten werden zwar inzwischen stärker geächtet, aber noch immer rauchen Millionen Menschen in Deutschland. Tabakwaren sind ein Anlass, mal eine Pause zu machen und durchzuatmen. Ohne Zigaretten könnte die Atmung noch besser reguliert werden. Das ist aber wenig bekannt.
Seit Jahrzehnten gehört der Konsum von Haschisch, Marihuana und anderen Drogen ebenfalls für viele zum normalen Alltag. Er ist zwar noch immer illegal, aber es zeichnet sich eine Tendenz ab, den Verkauf mehr und mehr freizugeben. Einige dieser Drogen werden bewusst zur Entspannung benutzt.
Die Wirkung übermäßigen Essens auf die Gefühle wird häufig übersehen. Dabei ist der ständige Verzehr von Süßigkeiten und fetthaltigen Speisen für zahlreiche Menschen ein Mittel geworden, um sich etwas Gutes zu tun, um sich zu beruhigen und zu entspannen. Ein voller Magen ist oft mit einem Wohlgefühl verbunden. Reichliches Essen macht schläfrig, weil das Blut in die Verdauungsorgane geleitet wird.
Viele sagen, dass sie sich beim Fernsehen entspannen. Andere hören Musik, um eine Weile abzuschalten. Subjektiv mag dies als entspannend empfunden werden. Eine Entspannung der Muskeln geht damit aber eher selten einher. Als Gelassenheits-

training würde ich Fernsehen und Musikhören nicht ansehen. Die ständige Berieselung mit Musik in Supermärkten, Fahrstühlen, auf Bahnhöfen und in Wartezonen dient eher der Ablenkung als der wirklichen Entspannung. Das gilt auch fürs Fernsehen und Radiohören. Als Hintergrundgeräusch begleitet es den Alltag, ändert aber wenig am chronischen Stressempfinden.

Diese weitverbreiteten Mittel gegen die Strapazen des Alltags helfen nicht wirklich gegen die körperlichen und geistigen Verspannungen. Mitunter verstärken sie diese. Am problematischsten ist ihr Suchtcharakter. Beim Konsum von Tabletten, Drogen und Alkohol ist dies offensichtlich. Aber auch nach Essen und Fernsehen sind viele süchtig geworden. Übergewicht grassiert wie eine Seuche vor allem in der westlichen Welt. Damit sind eine Reihe schwerwiegender Krankheiten verbunden.

Daher ist es besser, zu lernen, wie man die Muskeln auf gesunde Weise entspannen und der Psyche ohne Nebenwirkungen mehr Gelassenheit verordnen kann.

11. Warum bleiben einige so gelassen, während andere andauernd gestresst sind?

Man könnte dies damit erklären, dass die einen bessere Lebensumstände haben als die anderen. Es erscheint einleuchtend, dass eine harmonische Partnerschaft, ein erfüllender Beruf, Gesundheit und Wohlstand hervorragende Bedingungen dafür sind, gelassen zu sein. Umgekehrt meint man leicht, dass Krankheiten und ein geringes Einkommen sowie ein unbefriedigender Beruf oder eine problematische Ehe es unmöglich machen, entspannt zu leben.

Aber dieser erste Eindruck ist trügerisch. Man übersieht dabei, dass jede Partnerschaft und jeder Beruf gute und schlechte Seiten hat. Keine Beziehung ist frei von Konflikten. Der Beruf, der ausschließlich Spaß macht, muss erst noch erfunden werden. Auch sind Gesundheit und Wohlstand keine festen Größen. Wie man diese wahrnimmt, hat oft einen größeren Einfluss auf die Gelassenheit als die reinen Fakten.

Manche sind schon angesichts von ein paar harmlosen Flecken auf der Haut zutiefst beunruhigt, während andere mit chronischen Krankheiten gut zurechtkommen. Millionäre haben möglicherweise schlaflose Nächte, weil ihre Aktien fallen. Zur selben Zeit liegen Leute mit unregelmäßigen, geringen Einkünften entspannt in ihrem Bett, weil sie darauf vertrauen, dass sie über die Runden kommen.

Es sind also weniger die äußeren Umstände als vielmehr die inneren Einstellungen, die für Stress beziehungsweise Gelassenheit verantwortlich sind. Die Gedanken und Phantasien beeinflussen die Gefühle und das Verhalten stärker, als vielen bewusst ist.

Wenn man bestimmte Personen im Gegensatz zu anderen für gelassen hält, beruht diese Einschätzung wahrscheinlich auf einer Verallgemeinerung. Fast jeder hat seine persönlichen Empfindlichkeiten. Man merkt dies erst, wenn man bei jemandem ins »Fettnäpfchen« getreten ist oder seine »Knöpfe« gedrückt hat. Bei Gestressten wiederum kann man feststellen, dass sie durchaus auch Bereiche haben, in denen sie nichts aus der Ruhe bringt. Man muss also schon genauer hinsehen, bevor man seine Mitmenschen besser beurteilen kann.

Gelassenheit ist eine Fähigkeit, die man ständig noch verbessern kann. Nur wenige trainieren sie so, dass nichts mehr sie erschüttern kann.

12. Sind manche von Natur aus gelassener als andere?

Sicherlich unterscheiden wir uns in unseren Temperamenten. Manche Eigenschaften wie Reaktionsschnelligkeit oder Schlagfertigkeit kann man bis zu einem gewissen Grad üben, aber bestimmte Grenzen scheinen vorgegeben. Das mag auch auf Gelassenheit zutreffen.
Schnell reagieren zu können kann in manchen Situationen nachteilig sein. So stellt man des Öfteren fest, dass man sich einige Bemerkungen lieber länger hätte überlegen sollen. Auch wäre es mitunter besser gewesen, eine Nacht darüber zu schlafen, bevor man seine Entscheidung traf. Worte und Handlungen lassen sich nicht zurückholen.
Da sind diejenigen im Vorteil, die von Natur aus etwas langsamer sind. Sie reagieren weniger nervös. Schnellschüsse sind ihnen fremd. Sie wirken zwar bedächtiger, aber eigentlich brauchen sie einfach nur länger, um zu antworten. Ihre lange Leitung schützt sie davor, sich unnötigen Stress einzuhandeln.
Aber auch diese entspannteren Naturen können ihr inneres Gleichgewicht verlieren, wenn sie sich zu viele Sorgen machen oder sich ihre Zukunft in düsteren Farben ausmalen. Auch wenn man zur Gelassenheit neigt, kann man durch ein Stresstraining erreichen, dass man sich überlastet fühlt. Andererseits kann jeder, dem eine gewisse Nervosität in die Wiege gelegt ist, lernen, vorschnelle Reaktionen zu unterlassen und ruhiger zu werden.
Man kann dies mit anderen Veranlagungen vergleichen. So haben einige eine größere Körperintelligenz. Sie klettern, laufen und springen besser als andere. Ihre Geschicklichkeit ragt hervor. Vernachlässigen sie jedoch ihr Talent, werden aus ihnen ungelenke, schwerfällige Menschen, während diejenigen, die von Natur aus weniger begünstigt sind, aber täglich trainieren, am Ende die Nase vorn haben.

Wer meint, wegen seines Temperaments nicht gelassen sein zu können, macht sich etwas vor. Es kann sein, dass man unter diesen Umständen mehr üben muss als andere, aber Faktoren wie Temperament, Geschlecht, Herkunft, Familie oder Kultur verhindern nicht, ein entspanntes Leben führen zu können.

13. Es existieren so viele Entspannungsmethoden. Welche soll ich befolgen? Meine Zeit reicht nicht aus, um alle jeden Tag anzuwenden!

Es genügt, eine oder wenige Methoden zu kennen, um sich körperlich und geistig zu entspannen. Nicht die Zahl der angewendeten Verfahren ist entscheidend, sondern das Ergebnis: ein angenehmes Wohlgefühl. Wie man dahin kommt, ist relativ egal, soweit keine gesundheitlichen Nachteile damit verbunden sind wie bei Drogen.

Entspannungsverfahren nehmen nicht unbedingt viel Zeit in Anspruch. So kann man zum Beispiel einfach täglich 15 Minuten lang eine Atemmeditation machen. Dabei setzt man sich bequem hin, schließt die Augen und beobachtet den Atemrhythmus. Das ist alles. Wenn Gedanken oder Gefühle auftauchen, lässt man sich davon nicht ablenken, sondern richtet die Aufmerksamkeit wieder auf das Atmen.

Eine Viertelstunde am Tag hat jeder Zeit für Entspannung. Wer etwas anderes behauptet, macht sich und anderen etwas vor. Zeitmangel ist meist nur eine Ausrede. In Wirklichkeit stecken andere Gründe dahinter, beispielsweise die Unlust, sich auf eine neue Erfahrung einzulassen. Viele sind leider kaum noch in der Lage, sich still hinzusetzen und nichts anderes zu tun, als ihren Atem zu beobachten. Sie haben Angst vor ihren Gedanken und Emotionen, die plötzlich spürbar werden.

In diesem Fall kann man Entspannung unter Anleitung lernen. Zahlreiche EntspannungslehrerInnen bieten ihre Hilfe an. Die Kosten dafür sind gering. Oft übernehmen die Krankenkassen diese.

Grundsätzlich ist keine Methode besser als die andere. Atemtherapie, Meditation, Autogenes Training, Progressive Muskelrelaxation, Achtsamkeitsbasierte Stressreduktion und andere Verfahren haben sich seit Jahrzehnten bewährt. Wenn man

eine Übung gefunden hat, die einem zusagt, kann man sie im Prinzip ein Leben lang beibehalten.
Ziel jeder Methode sollte es sein, die Entspannung mehr und mehr von der begrenzten Übung auf den gesamten Alltag auszudehnen. Dann arbeitet man entspannt, geht entspannt einkaufen und telefoniert entspannt. Die Vorstellung, ein Entspannungsverfahren durchzuführen sei eine zusätzliche Belastung, geht an der Sache vollkommen vorbei.
Nach einer Zeit des Lernens ist man in der Lage, sich immer und überall zu entspannen. Die jeweilige Entspannungsmethode ist nur ein Hilfsmittel auf dem Weg dahin. Am Ende kostet Entspannung überhaupt keine Extrazeit mehr. Sie ist zu einem ständigen Begleiter geworden.

14. Kann man Gelassenheit lernen?

Das Bedürfnis, das Auf und Ab im Leben gelassen zu akzeptieren, ist weit verbreitet. Die Fähigkeit, dies auch wirklich zu können, steht in keinem Verhältnis dazu. Sie ist bei wenigen entwickelt.
Jeder hat die Möglichkeit, auf Herausforderungen entweder mit Stress oder mit Gelassenheit zu antworten. Die Stressreaktionen beherrschen den Alltag. Sie sind auch in der Wissenschaft gut erforscht. Wie wirkt sich der Stress auf den Körper aus? Welche langfristigen Folgen sind zu erwarten? Das alles ist gründlich untersucht.
Weniger bekannt ist die Entspannungsreaktion. Der amerikanische Arzt Herbert Benson hat sie mit seinem Team entdeckt und als Erster genauer beschrieben. Während Stress den Körper aufwühlt und in chronischer Form stark schädigt, ist die Entspannungsreaktion eine Wohltat für Körper, Geist und Seele. Sie senkt den Blutdruck, wirkt sich positiv auf Magen und Darm aus und stärkt das Immunsystem.
Entspannung kann man lernen. Benson hat herausgefunden, dass dafür 12 bis 15 Minuten am Tag ausreichen, eventuell ergänzt durch kleine zusätzliche Pausen von 1 bis 2 Minuten, verteilt über den ganzen Tag.
Ebenso ist Gelassenheit lernbar. Wie das geht, haben schon vor Jahrtausenden Menschen wie der Buddha und seine Anhänger oder die Stoiker im Römischen Reich erkannt. Es sind die Gedanken, die uns in Angst und Schrecken versetzen, und nicht die Ereignisse an sich. Es sind die Phantasien, mit denen wir uns deprimieren, und nicht die reinen Tatsachen. Und es sind bestimmte Vorstellungen, die unseren Ärger erregen, und nicht die äußeren Umstände.
In jüngerer Zeit hat die Psychotherapie diese Zusammenhänge neu entdeckt. Angstzustände, Depressionen und Aggressionen lassen sich verringern oder ganz auflösen, wenn man

lernt, anders über die Dinge zu denken. Wir können Angst durch Vertrauen, Depression durch Optimismus und Agression durch Toleranz ersetzen. Mehrere Studien haben den Nachweis geliefert, dass dies innerhalb weniger Wochen möglich ist.

15. Wo kann ich Gelassenheit lernen?

Am besten übernimmt man eine gelassene Einstellung von denjenigen, mit denen man zusammenlebt. Im Idealfall beginnt dies mit den Eltern. Leider sind viele Eltern gestresst, nicht zuletzt wegen ihrer Kinder. Deshalb lernen die meisten Heranwachsenden mehr, wie man an die Decke geht, als einen entspannten Umgang mit schwierigen Situationen zu pflegen. Die nächste Chance bestünde in der Schule. Acht Jahre oder länger muss sich jeder dort zwangsläufig fast täglich aufhalten. Es besteht schließlich Schulpflicht. Tatsächlich vermitteln einige LehrerInnen Ihren SchülerInnen, wie man gelassen bleibt, auch wenn es schwerfällt. Manchmal durch das eigene Vorbild, manchmal nur theoretisch.
Wem das passiert ist, der darf sich glücklich schätzen; denn typischerweise erleben die SchülerInnen etwas anderes: überforderte LehrerInnen, die die gesamte Klasse oder einzelne SchülerInnen anschreien, anstatt bestehende Konflikte in aller Ruhe zu lösen.
Spätestens nach der Schule sollte die Selbsterziehung einsetzen. Man holt nach, was die Erwachsenen einem nicht beigebracht haben, weil sie es selbst nicht konnten. Wie man sich entspannt und gelassen bleibt, stünde am besten weit oben auf der Liste. Dann käme man mit allen anderen Problemen nämlich besser zurecht. Viel Emotionen und wenig Verstand verschlimmern die Dinge nur.
Sofern man als Kind nicht die Gelegenheit dazu hatte, kann man sich auch im Erwachsenenalter noch geeignete Rollenvorbilder für einen entspannten Umgang miteinander suchen. Actionfilme und Thriller eignen sich weniger dafür. Aber gelegentlich findet man Filme mit coolen Typen. Der Dude in »Big Lebowski« käme beispielsweise in Frage. Aber stoische Philosophen oder buddhistische MeisterInnen kommen selbstverständlich auch in Betracht.

Mehr Gelassenheit können einem vor allem Bücher vermitteln, die wie dieses auf der Rational-Emotiven Verhaltenstherapie oder der Kognitiven Verhaltenstherapie beruhen. Besonders auf Englisch, zunehmend aber auch auf Deutsch, sind entsprechende Ratgeber zu allen möglichen Themen erschienen. So lernt man immer besser, Stressgedanken in Frage zu stellen und durch vernünftigere zu ersetzen.

16. Wie lange dauert es, bis ich es kann?

Gelassenheit ist kein Ziel, das man irgendwann abhaken kann, als sei man Erster im 100-Meter-Lauf geworden. Es handelt sich vielmehr um einen Prozess, in dessen Verlauf man immer noch besser werden kann. Wie gelassen möchten Sie werden? Welche Situation wollen Sie entspannt bewältigen können? Stellen Sie sich vor, Sie wollten eine Fremdsprache lernen. Wann beherrschen Sie diese? Wenn Sie sich im Alltag verständigen können? Wenn Sie die Klassiker der Literatur in dieser Sprache lesen können? Oder erst wenn Ihnen auch ihre Fachsprachen geläufig sind, Sie also mühelos mit ArchitektInnen, JuristInnen und ÄrztInnen über ihre Spezialgebiete sprechen können?
Nehmen wir an, Sie hätten die Absicht, mehr Fitness zu erlangen. Wie lange würde dies dauern? Bis Sie, ohne zu schnaufen, 100 Treppenstufen steigen können? Oder möchten Sie die 5000 Meter in 30 Minuten laufen? Ist Ihr Fitnessziel, das Matterhorn zu erklimmen?
So ist es auch mit der Gelassenheit. Wie lange Sie üben müssen, hängt davon ab, wie weit Sie kommen wollen. Die Ergebnisse stehen in einem direkten Verhältnis zu Ihrem Aufwand. Je mehr Sie trainieren, desto schneller kommen Sie voran.
Erste Erfolge werden Sie möglicherweise sofort feststellen. Schwieriger ist es, diese regelmäßig zu erzielen. Da das Leben uns alle täglich testet, haben Sie reichlich Gelegenheit, Ihre Gelassenheit zu trainieren. Einfache Situationen, wie zum Beispiel entspannt in der Schlange im Supermarkt zu warten, werden Sie schneller bewältigen. Wenn Sie jedoch auch mit Krankheiten, Unfällen und Todesfällen gelassen umgehen möchten, werden Sie vermutlich länger brauchen.
Sobald Gelassenheit für Sie zu einer neuen Gewohnheit geworden ist und Sie auf die meisten Situationen automatisch entspannt reagieren, haben Sie eine neue Stufe erreicht. Bis

dahin braucht man, realistisch gesehen, Jahre. Das sollte Sie jedoch nicht davon abhalten, gleich zu beginnen; denn die Anfangserfolge bemerken Sie schon bald.

Allerdings müssen Sie immer wieder mit Rückschlägen rechnen. Die Entwicklung verläuft nicht linear. Normalerweise geht es drei Schritte voran und zwei zurück. Bleiben Sie dran. Dann stellen sich weitere Erfolge ein.

Leider kann man das Gelassenheitstraining nie einstellen. Sonst fällt man zurück. Das kennen Sie bereits vom Fitnesstraining. Sobald Sie aufhören, schrumpfen die Muskeln wieder. Das liegt in der Natur der Sache. Nehmen Sie es mit Gelassenheit.

17. Früher war ich viel entspannter. Heute spüre ich ständig einen Druck. Was ist passiert?

Stress baut sich manchmal fast unmerklich auf. Es sind die vielen kleinen Widrigkeiten, die einem mit der Zeit immer mehr zu schaffen machen. Hier eine zusätzliche Verpflichtung, dort ein scheinbar geringfügiger Konflikt. So kommt langsam eines zum anderen. Plötzlich hat man das Gefühl, vollkommen überlastet zu sein.
Die meisten jungen Menschen starten zuversichtlich ins Leben. Sie träumen von Liebe, Erfolg und Glück. Das ist normal. Aber dann merken sie, dass es nicht so einfach ist, sich in dieser Welt zu behaupten. Erste Niederlagen säen Zweifel, ob sie es wirklich schaffen werden. Freundschaften gehen auseinander. Der Beruf stellt sich als etwas anderes heraus, als man dachte. Menschen, die einem lieb waren, sterben. Vielleicht kommen noch Krankheiten und Unfälle dazu.
Wer Kinder hat, muss für sie sorgen. Das Geld ist schneller ausgegeben als verdient. Die lieben KollegInnen konkurrieren mit einem um Aufstieg und Anerkennung. Keiner rollt einem den roten Teppich aus. Im Gegenteil: Die anderen stellen ständig neue Forderungen an einen. Der Chef will mehr Leistung für dasselbe Gehalt. Die FreundInnen wollen Zeit und Aufmerksamkeit. Die Eltern beschweren sich, dass man sie so selten besucht.
Da ist es schwer, die ursprüngliche Entspanntheit zu bewahren. Daraus kann gleich wieder eine neue Belastung entstehen: Eigentlich müsste man sich mehr Zeit für sich nehmen, sich entspannen, gelassener sein. Aber leider kommt man nicht dazu ...
Von Kindesbeinen an hört man: Gib dir mehr Mühe. Streng dich mehr an. Sei nett zu Oma. Wie siehst du denn aus? Deine Leistungen reichen nicht. Du musst an deinen Schwächen arbeiten. Für dich muss man sich ja schämen. Du musst es im

Leben zu etwas bringen. Ohne ein dickes Auto, ein protziges Haus und ein fettes Bankkonto bist du ein Niemand. Hör auf zu heulen.
Unter diesen Umständen ist es kein Wunder, dass der Druck verinnerlicht wird und sich irgendwann die Frage aufdrängt: Muss das so sein?

18. Ich war noch nie wirklich entspannt. Kann ich es trotzdem lernen?

Es ist nie zu spät, gelassener zu werden. Selbst in den angespanntesten Situationen kann man seinem Leben eine Wende geben und sich vom Stress befreien. Solche Momente sind sogar besonders günstig, weil die Motivation dann sehr groß ist, etwas zu ändern.
Ohne Not ändern sich nur wenige. Häufig bedarf es erst eines besonderen Anlasses. Dies kann eine Erkrankung oder ein Zusammenbruch sein. Immer mehr Menschen erleben einen Burn-out. In solchen Phasen wächst die Einsicht, dass es nicht so weitergehen kann wie bisher. Im Nachhinein erweisen sich derartige Krisen oft als segensreich, vorausgesetzt, dass sie zu einer echten Umkehr genutzt werden.
Kaum jemand startet bei null, was Gelassenheit angeht. Die meisten können sich an Zeiten erinnern, in denen sie mehr Muße hatten und weniger unter Stress standen. Selbst bei denjenigen, die den Eindruck haben, ständig unter Strom zu stehen, findet man im Tagesverlauf Abschnitte, in denen sie etwas mehr Ruhe haben. Darauf lässt sich aufbauen.
Motivation und Beharrlichkeit sind die wichtigsten Voraussetzungen, um Gelassenheit und Entspannung zu lernen. Ist der Wille vorhanden, sein Leben entsprechend zu ändern, findet sich eigentlich immer ein Weg. Ausdauer ist ebenfalls nötig, weil es Zeit braucht, bis man neue, entspanntere Gewohnheiten entwickelt hat.
Warum sollte es zu spät sein, gelassener zu werden? Wann ist es zu spät, sagen wir: Italienisch zu lernen? Solange man lebt und seine Sinne halbwegs beieinanderhat, ist es möglich. Selbst sehr alte Menschen sprechen noch auf ein Fitnesstraining an. Dasselbe gilt für Gelassenheit.
Schieben Sie es daher nicht weiter auf, sondern fangen Sie an. Am besten noch heute.

19. Brauche ich dazu irgendwelche Hilfsmittel? Wenn ja, welche?

Um Gelassenheit zu lernen, brauchen Sie nur Ihren Kopf. Das ist eine gute Nachricht; denn Ihren Kopf haben Sie immer dabei. Das heißt, Sie können im Prinzip jederzeit und überall anfangen, sich zu entspannen.

Die Abhängigkeit von technischen Geräten ist in den letzten Jahren weiter gewachsen. Smartphones, mobile Computer, MP3-Player sind unsere ständigen Begleiter geworden. Daher liegt die Frage nahe: Welche App verhilft mir zu mehr Gelassenheit?

Angesichts dieser Verhältnisse muss man immer wieder daran erinnern, dass Menschen wie der Buddha sich bereits vor 2500 Jahren vom Stress zu befreien wussten – ohne jede technische Unterstützung. Meditation und Geistestraining hießen die Mittel, die damals zur Verfügung standen. Sie sind auch heute noch geeignet, jeden zuverlässig von Ärger, Angst und Depression zu erlösen.

Stress beginnt im Kopf, Gelassenheit ebenso. Es sind nicht die äußeren Umstände, die die positiven und negativen Gefühle auslösen, auch wenn es auf den ersten Blick so aussehen mag. Normalerweise meint man, es seien die anderen, die einen ärgern. Aber wieso bleiben dann einige entspannt, obwohl sie denselben Bedingungen ausgesetzt sind?

Erst die Gedanken färben eine Situation emotional ein. Stellen Sie sich vor, Sie benutzen in einem Hochhaus den Fahrstuhl. Plötzlich bleibt er stehen, und das Licht geht aus. Geraten Sie in Panik, oder bleiben Sie ruhig? Würde jeder an Ihrer Stelle so reagieren wie Sie?

Wenn Sie meinen, Sie seien in Lebensgefahr, nur weil der Lift feststeckt, machen Sie sich das Leben schwer. Wie viele Menschen sind in einem Fahrstuhl umgekommen? Das passiert selten. Es ist sehr unwahrscheinlich. Die Situation ist unangenehm, vielleicht sogar sehr lästig, mehr nicht.

Wenn Sie also erwarten, dass der Fahrstuhl in absehbarer Zeit weiterfahren wird, notfalls nachdem die Feuerwehr eingeschaltet wurde, werden Sie die Situation ohne Trauma überstehen.

Wie Sie die Situation erleben, hängt von der Geschichte ab, die Sie sich anlässlich des Fahrstuhlstopps erzählen. Sie haben die Wahl, ob Sie sich Angst machen oder entspannen wollen. Alle Geschichten entstehen im Kopf. Und der funktioniert auch noch, wenn Sie zwischen dem 20. und 21. Stockwerk in einem dunklen Fahrstuhl feststecken. Trainieren Sie ihn so, dass er für und nicht gegen Sie arbeitet.

20. Wie lernt man Gelassenheit?

Gelassenheit lernt man durch Einsicht und Training. Man muss sich klarmachen, wie Stress wirklich entsteht. Ist die wahre Ursache erkannt, kann man sie beseitigen. Dies einmal zu tun genügt leider nicht. Man kommt nicht umhin, den Vorgang so lange zu wiederholen, bis man automatisch gelassen bleibt. Das dauert seine Zeit.
Über die Ursachen von Stress existieren viele Theorien. Die verbreitetste besagt, dass allein äußere Umstände wie Krankheit, Scheidung, viel Arbeit oder schwierige Menschen dazu führen, dass man sich überlastet fühlt.
Die Psychiater Holmes und Rahe haben eine Skala erstellt, die 43 Ereignisse nach ihrem Stresswert auflistet. Auf Platz 1 steht mit einem Wert von 100 der Tod des Ehepartners. Scheidung schafft es mit 73 Punkten auf Platz 2. Weihnachten rangiert auf Platz 42 mit einem Wert von 13. Diese äußeren Umstände gelten als Stressoren, also Reize, die als belastend erlebt werden.
Sowohl die Theorie als auch die Skala halten einer Überprüfung nicht stand. Richtig ist, dass der Tod des Partners und eine Scheidung tatsächlich sehr belastend sein *können*, vor allem wenn die Betroffenen nicht wissen, wie man angemessen damit umgehen kann. Es stimmt zum Beispiel nicht, dass eine Scheidung ohne Ausnahme bei jedem Stress hervorruft. Manche empfinden sie als Befreiung. Andere trennen sich einvernehmlich und bleiben Freunde.
Weihnachten ganz allgemein als Stressor zu bezeichnen, wenn auch minderer Intensität, geht an der Sache vorbei. Es gibt immer noch zahlreiche Menschen, die sich auf diese Zeit freuen und sie genießen. Das schließt nicht aus, dass ein Teil unangenehme Gefühle mit diesem Fest verbindet. Aber das liegt nicht an Weihnachten an sich.
Äußere Ereignisse sind neutral. Es sind Tatsachen. Erst ihre

Bewertung löst angenehme oder unangenehme Emotionen aus. So erklärt sich, dass Menschen auf Situationen unterschiedlich reagieren, ja sogar ein einzelner Mensch auf die gleiche Situation mal so und mal so.
Diese Einsicht ist der Ausgangspunkt, um sich von Stress zu befreien. Viele sehen ihr Heil einzig und allein darin, die Umstände zu ändern. Ist dies nicht möglich, fühlen sie sich ohnmächtig. Man kann jedoch über jede Situation auf eine Weise denken, die zu Gelassenheit führt.
Dies setzt jedoch ein Training voraus; denn fast jeder lernt zunächst das Falsche, nämlich dass die äußeren Verhältnisse die Gefühle bestimmen und damit automatisch Stress hervorrufen können. Dieser Glaube sitzt tief. Aber durch Übung kann man erreichen, die unzutreffenden Ansichten aufzugeben und durch ein wirklichkeitsgemäßes Denken zu ersetzen.

21. Was genau muss ich tun, um gelassener zu werden?

Fünf Schritte müssen Sie machen, wenn Sie gelassener sein möchten:

1. Achten Sie auf Ihre Gefühle und Ihr Verhalten. Halten Sie im Tagesverlauf immer mal wieder inne und fragen Sie sich:
   - Fühle ich mich so, wie ich gerne möchte?
   - Verhalte ich mich so, wie es meinen Zielen entspricht?

Manchmal werden starke negative Emotionen Ihnen sowieso signalisieren, dass Sie unter Stress stehen.

2. Wenn Sie zu viel Ärger, Angst oder Enttäuschung spüren oder Ihre Ziele durch Ihr eigenes Verhalten sabotieren, fragen Sie weiter:
   - Was ist passiert?
   - Was macht mich so ärgerlich, ängstlich, traurig?
   - Was ging meinem selbstschädigenden Handeln voraus?

Suchen Sie die Ursachen zunächst in der Außenwelt. Auf wen oder was reagieren Sie so negativ?

3. Haben Sie die äußeren Ursachen entdeckt, überlegen Sie sich:
   - Wie denke ich über diese Ereignisse?
   - Was ging mir sofort durch den Kopf, als dies geschah?

Die Gedanken, die Sie wegen der Geschehnisse hatten, bestimmen, wie Sie sich fühlen und verhalten. Die Vorgänge in Ihrer Umgebung sind immer nur der äußere Anlass für Ihre Reaktion. Mit Ihren Gedanken rufen Sie Ihre Emotionen und Ihre Handlungen hervor, auch wenn Sie sich dessen nur selten bewusst sind.

4. Prüfen Sie, ob Ihre Bewertung der Ereignisse angemessen ist oder nicht. Natürlich glauben Sie zunächst, was Sie sich sagen. Deshalb müssen Sie Ihr Denken anzweifeln, wenn Sie emotional und verhaltensmäßig überreagiert haben. Das tun Sie, indem Sie sich fragen:
   - Stimmt das überhaupt, was ich denke?
   - Entspricht mein Denken den Tatsachen?
   - Welche Beweise gibt es für meine Überlegungen?
   - Helfen mir meine Gedanken, mich so zu fühlen, wie ich möchte?
   - Helfen diese mir, mich so zu verhalten, dass ich meine eigentlichen Ziele erreiche?
   - Unterstützt mein Denken die Qualität meiner Beziehungen?
   - Unterstützt es meine Gesundheit?

Wenn Ihre Gedanken der Realität widersprechen oder Ihnen in keiner Weise helfen, sind sie unangemessen und schädlich.

5. Ersetzen Sie die destruktiven Überlegungen durch positive Alternativen. Stellen Sie sich zu diesem Zweck die Fragen:
   - Wie würde ich fühlen und handeln, wenn ich das Gegenteil dächte?
   - Zu welcher Einstellung würde ich einem Freund in meiner Situation raten?
   - Was müsste ich denken, um mich wohl zu fühlen und angemessener zu handeln?

22. Gelassen werden ist die eine Sache. Aber wie kann ich diesen Zustand dauerhaft erhalten?

Byron Katie, eine amerikanische Seminarleiterin, hat zwei Jahre lang kaum etwas anders gemacht, als ihre Gedanken zu klären. Sie hat alle Situationen im Kopf durchgespielt, die sie belastet haben, und ihr Denken dabei so grundlegend verändert, dass sie am Ende nichts mehr aus dem Gleichgewicht bringen konnte.

Erst als keine neuen Belastungen mehr auftauchten, wusste sie, dass »Die Arbeit« (»The Work«) – wie Sie Ihre Methode nannte – getan war. Im Kern handelt es sich dabei um eine Variante der Kognitiven Verhaltenstherapie.

Sollten Sie vorhaben, so intensiv zu trainieren, wie Byron Katie dies getan hat, werden Sie eines Tages sagen können, dass sie es geschafft haben, sich für immer zu entspannen. Vorher wartet noch viel »Arbeit« auf Sie. Gelassenheit bleibt für die meisten ein vorübergehender Zustand; denn wir sind auf Stress eingestellt.

Wir ärgern uns über Kleinigkeiten, haben grundlos Angst und sind oft enttäuscht, weil unsere Erwartungen maßlos sind. So wurde es uns vorgelebt. So macht man das bei uns. Wir haben gut aufgepasst. Unser Stress ist erlernt. Nicht weil es so viele Stresssituationen gibt, sondern weil Stressgedanken in großer Auswahl jedem zur Verfügung stehen. Davon machen wir reichlich Gebrauch und wundern uns dann, dass es uns so schwerfällt, gelassen zu bleiben.

Deshalb gibt es keinen anderen Weg, als Schritt für Schritt das Denken so zu verändern, dass man zunehmend gelassen bleibt. Macht man das wie Byron Katie von morgens bis abends, dauert es zwei Jahre. Dann hat man einen Zustand erreicht, den der Buddha »Nirvana« nannte. Dabei handelt es sich nicht um ein fernes Paradies buddhistischer Art, sondern um unerschütterlichen inneren Frieden.

Aber wer will das schon? Wer ist bereit, so viel zu üben? Mit 15 Minuten am Tag kann man schon weit kommen. Allerdings ist man dann erst in etwa achtzig Jahren da, wo Byron Katie nach mehreren Jahren ununterbrochenen Trainings war.
Für uns Normalsterbliche bleibt nur die Möglichkeit, Stress immer wieder aufzulösen, wenn er uns zu viel wird.
Menschen, die täglich intensiv Yoga üben, sind im Alter körperlich fast so beweglich wie in jungen Jahren. Nur wenige streben nach diesem Optimum. Wer jeden Tag ein paar Minuten Gymnastik macht, ragt aus der Masse bereits heraus. Die anderen werden steif. Ihr Körper schmerzt bei Bewegung.
Auf geistigem Gebiet finden wir denselben Tatbestand. Wenige befreien sich vollständig von Stress, einige ein bisschen, und die meisten fühlen sich ihm mehr oder weniger ausgeliefert.

23. Woran merke ich, dass ich gelassener bin?

Das hängt davon ab, wie Sie sich vorzugsweise überlasten. Jeder hat gewisse Schwächen, bei denen er für Stress besonders anfällig ist. Gelassenheit sorgt insofern für den notwendigen Ausgleich. Die Schwächen können sich auf bestimmte Lebensthemen, Emotionen, Verhaltensweisen oder körperliche Beschwerden beziehen.

Wer dazu neigt, sich zu ärgern, wird feststellen, dass er toleranter wird und nicht mehr jede Kleinigkeit zum Anlass nimmt, an die Decke zu gehen. Andere, die besonders ängstlich sind, entwickeln mehr Vertrauen, so dass Sie sich weniger Sorgen machen. Diejenigen, die schnell resignieren, merken, dass ihnen Enttäuschungen nicht mehr so zusetzen.

Einige werden unter Stress hektisch und verfallen in blinden Aktionismus. Diese merken mit zunehmender Gelassenheit, dass sie ruhiger und überlegter handeln. Übereilte Reaktionen unterbleiben mit der Zeit. Ihr Leben »entschleunigt« sich. Der Terminkalender ist nicht mehr so voll.

Ein gelassenerer Lebensstil wirkt sich positiv auf die Gesundheit aus. Stress ist an fast allen Krankheiten beteiligt. Mal ist er ihr Auslöser, mal verschlimmert er die Symptome. Durch Entspannung können sich die Organe erholen. Der Blutdruck normalisiert sich. Die Nerven spielen nicht mehr verrückt. Die Verdauung funktioniert besser. Die Atmung wird tiefer, so dass der Körper mit mehr Sauerstoff versorgt wird. Die sonst chronisch angespannten Muskeln schmerzen nicht mehr.

Wenn der Stress sich negativ auf die Beziehungen zur Familie oder zu Freunden ausgewirkt hat, lassen sich die Verbesserungen zuerst in diesem Bereich feststellen. Bei anderen entspannt sich die berufliche Situation. Jeder, der lernt, Stress abzubauen, wird zu einer positiven Quelle in seinem Umfeld.

Vielleicht merken es andere zuerst, dass Sie gelassener geworden sind. Jedenfalls ist es eine schöne Anerkennung, wenn Ihre Mitmenschen Ihnen sagen, dass Sie sich positiv entwickelt haben. Gelassene Menschen benehmen sich freundlicher, sind optimistischer und wirken ausgleichend auf ihre Umgebung. Das fällt anderen auf.

24. Brauche ich Vorbilder? Wenn ja, gibt es überhaupt welche?

Vorbilder sind nützlich, aber nicht unbedingt erforderlich. Falls man Menschen kennt, die sich wenig aufregen, sich kaum Sorgen machen und grundsätzlich positiv eingestellt sind, sollte man sie jedoch mal fragen, wie sie das schaffen. Wie denken sie über Dinge, auf die andere mit Stress reagieren? Warum bleiben sie entspannt, wenn sie durch Krisen gehen?
Leider wissen diese Glücklichen oft gar nicht, was genau sie tun, um so ausgeglichen zu sein. Vielleicht sind sie in einer Umgebung groß geworden, die günstig für eine gelassene Haltung war. Wenn die Eltern entspannt sind, sind es die Kinder in der Regel auch. In den ersten Lebensjahren lernt man unbewusst.
Deshalb können diejenigen, die sich eine gelassene Einstellung erst später angeeignet haben, einem viel besser Auskunft darüber geben, wie man denken und handeln muss, um innerlich im Gleichgewicht zu bleiben. Manche TherapeutInnen oder CoachInnen sind dafür geeignet.
Prominente Vorbilder wären beispielsweise der Buddha, Mahatma Gandhi oder Nelson Mandela, also Menschen, die erst etliche Schwierigkeiten überwinden mussten, bevor sie so freundlich und entspannt aussahen und handelten, dass sie zu Legenden wurden.
Byron Katie habe ich bereits erwähnt. Aber auch Albert Ellis, der Begründer der Rational-Emotiven Verhaltenstherapie, ist ein Vorbild an Gelassenheit. Wenn man bedenkt, dass er eine ziemlich neurotische Mutter hatte und zeit seines Lebens mit schwerem Diabetes leben musste (was ihn nicht daran hinderte, 93 Jahre alt zu werden und bis ins hohe Alter weltweit Seminare zu geben), ist es schon erstaunlich, dass er dies so gleichmütig hinnahm.
Ellis war sicher kein Engel, aber entspannter und hilfsbereiter

als andere, die bessere Ausgangsbedingungen hatten. Außerdem zeigt sein Beispiel, dass Gelassenheit möglich ist, ohne weltentrückt zu wirken.

Wenn Sie weit und breit niemanden sehen, dem Sie folgen möchten, bleibt immer noch eine letzte Möglichkeit: Werden Sie selbst zum Vorbild für Gelassenheit.

25. Frage an den Autor: Sind Sie selbst gelassen?

Ich wende das an, was ich anderen empfehle. Einen ersten Hinweis auf die Methode, die meinem Gelassenheitstraining zugrunde liegt, bekam ich 1978. Es waren wenige Ratschläge eines Psychologen. Sie halfen mir jedoch, meine damaligen Probleme zu bewältigen und meinen Stress deutlich zu verringern.

Aber wie das eben so ist: Irgendwann hatte ich aufgehört, mich an das vernünftige Denken zu halten. Deshalb kehrten die Probleme und der Stress in vollem Umfang zurück. Leider hatte ich komplett vergessen, was mir so gut geholfen hatte. Ich irrte hilflos herum, wie es vielen geht, die sich überlastet fühlen und vergeblich einen Ausweg suchen.

Erst durch einen Zufall stieß ich wieder auf die Rational-Emotive Therapie, studierte sie gründlich und machte eine entsprechende Ausbildung. Ich wünschte, ich könnte sagen, dass es mir schlagartig besserging. Tatsächlich aber brauchte ich längere Zeit, um meine beruflichen und privaten Probleme zu lösen. Allerdings waren meine Ansprüche diesmal größer. Ich wollte nicht mehr nur zurechtkommen, sondern glücklich und entspannt leben.

Obwohl angeblich fast jeder nach Glück und Gelassenheit strebt, stelle ich fest, dass nur wenige wirklich entschlossen sind, diese Ziele in den Mittelpunkt ihres Lebens zu stellen. In Wirklichkeit wollen die meisten einen gutbezahlten Job, Autos, Häuser, Kinder, Reisen und so weiter. Sie glauben, wenn sie das erreichen, würden sie automatisch glücklich. Das ist jedoch eine Illusion.

Es ist nicht so, dass ich keine materiellen Ziele habe, aber diese sind nicht vorrangig. Mir sind ein entspannter Lebensstil, Zeit, eine sinnvolle Tätigkeit und gute Beziehungen am wichtigsten.

Ich bin weder ein Übermensch noch ein Supermann. Daher

mache ich mir auch noch manchmal Stress. Aber ich merke schneller, wie ich das mache, und schalte dann um. Früher hatte ich sehr oft, sehr lange und sehr intensiv Stress, heute nur noch selten und kurz. Während mir Probleme sonst wochenlang zu schaffen machten oder ich sogar ständig darunter litt, brauche ich jetzt meist nur ein paar Stunden, um mein Gleichgewicht wiederzufinden, selbst wenn es sich um Dinge handelt, die das Zeug hätten, sich zu Krisen zu entwickeln.

Ich könnte mehr trainieren und noch gelassener sein, aber mir geht es nicht um Perfektion. Ich bin mit dem Erreichten sehr zufrieden.

26. Woher weiß ich, dass das stimmt, was Sie hier sagen?

Die Kognitive Verhaltenstherapie (KVT) und ihre verschiedenen Varianten sind wissenschaftlich sehr gut erforscht. Ihre Wirksamkeit ist bei Depressionen und Ängsten und zahlreichen anderen Störungen nachgewiesen. Überzeugende Wirksamkeitsnachweise sind auf dem Gebiet der Psychotherapie rar. Die meisten Verfahren behaupten nur, emotionale und Verhaltensprobleme zu lösen. Deshalb ist es umso bemerkenswerter, dass die Kognitive Verhaltenstherapie und die Rational-Emotive Verhaltenstherapie (REVT) nachweislich so erfolgreich sind.
Der übliche Alltagsstress erreicht nur selten das Ausmaß behandlungsbedürftiger, klinischer Störungen. Trotzdem macht er einem das Leben sauer und verhindert dadurch, sich glücklich und zufrieden zu fühlen. Die KVT und die REVT sind nicht nur bei vielen psychischen Erkrankungen bestens geeignet. Sie beseitigen oder verringern auch die so weit verbreiteten negativen Gefühle wie Ärger, Ängste, Kummer und Sorgen, die einem das Leben verleiden.
Das Grundmodell der KVT und REVT lässt sich in dem Satz: »Wir fühlen und handeln so, wie wir denken« zusammenfassen. Dieser hatte bereits in der über 2000 Jahre alten stoischen Philosophie eine zentrale Bedeutung. Daran sieht man, dass es sich hier anders als bei den vielen Pop-Psychotherapien der 1960er und 1970er Jahre nicht um eine Modeerscheinung handelt.
Nur Methoden, die den Menschen wertvoll genug erscheinen, werden über Jahrtausende weitergegeben. Das ist auch beim Buddhismus der Fall. Der Buddha hat weniger eine Religion als vielmehr eine Therapieform begründet, die ihm und Millionen geholfen hat, ihr Leiden zu beenden. Oft wird so getan, als ob die neuesten Erkenntnisse die besten sind. Leider trifft häufig

weder das eine noch das andere zu. Sie sind nicht neu und nicht nützlich.

Die buddhistische Psychologie verbreitete sich in Asien von Land zu Land, während in Europa noch das tiefste Mittelalter herrschte. Dass die menschlichen Probleme im Inneren beginnen und auch nur dort gelöst werden können, hatte der Buddha schon früh erkannt.

Sie brauchen das alles nicht zu glauben. Probieren Sie es lieber selbst aus. Selbsterfahrung besitzt die höchste Beweiskraft. Überzeugen Sie sich davon, dass das Gelassenheitstraining funktioniert.

27. Warum ist es besser, entspannt zu leben?

»Was nützt alles schlechte Leben?«, pflegte meine Mutter zu sagen, wenn sie sich etwas Gutes gönnte. »Selbst die beste Krankheit taugt nichts«, lautet eine andere Redensart. Sie lässt sich auf Stress übertragen. Wofür ist er gut? Doch höchstens, um zu merken, dass man so nicht weitermachen kann.
Ich unterscheide nicht zwischen gutem Stress (Eustress) und schlechtem (Disstress), weil ich das für irreführend halte. Für mich klingt Eustress wie Edelrost oder Heilfieber. Nach dem Eustress kommt nur noch die Euthanasie. Ich kann darauf gut verzichten. Eigentlich bedeutet die griechische Vorsilbe *eu* so viel wie »gut, wohl, schön«. Aber wenn man sagt, man sei ganz schön gestresst, meint man damit nicht Eustress. Also was soll das?
Helge Schneider äußerte sich in einem Interview über Drogen so: »Drogen sind scheiße.« Warum? »Weil sie scheiße sind.« Warum? »Drogen sind scheiße.« Und das hat er noch ungefähr zehnmal wiederholt. Dasselbe gilt auch für Stress.
Warum ist es besser, sich zu entspannen? Weil Stress scheiße ist. Warum? Stress ist scheiße. Okay, jetzt schafft es dieses Buch nicht mehr in den Kanon des Bildungsbürgertums. Aber darauf sei gesch...
Nein, im Ernst. Wer braucht Stress? Drogen nehmen die Leute nur, weil sie Stress haben. Und Stress haben sie, weil sie nicht wissen, wie sie ihn vermeiden oder abbauen können.
Ein entspanntes Leben ist gut für die Gesundheit. Es wirkt sich positiv auf die Beziehungen aus und ist hundertprozentig kompatibel mit Glück, Freude und Spaß.

28. Gelassen bleiben oder nicht: Ist das die Frage?

Man hat immer die Wahl, ob man sich aufregen will oder nicht. Leider übersieht man das in der Hitze des Gefechts leicht. Auch die anderen Gefühle passieren nicht einfach so. Sie folgen unseren Gedanken. Diese folgen unseren Denkgewohnheiten.

Will man diese ändern, muss man sich klarmachen, dass man mehrere Möglichkeiten hat, eine Situation zu bewerten. Entscheidet man sich für vernünftige Gedanken, bleibt man ruhig. Macht man das regelmäßig so, entstehen neue Gewohnheiten im Denken. Gelassenheit wird zur Regel statt zur Ausnahme.

Am Anfang wird es schwer sein, die Stressreaktionen zu bremsen. Man merkt nicht einmal, dass man jedes Ereignis als angenehm, unangenehm oder neutral beurteilt. Man denkt automatisch so, weil man es immer so gemacht hat. Wenn Sie einem anderen erklären sollten, wie Sie aufstehen, ohne umzufallen, können Sie das vermutlich auch nicht. Sie haben es als Kind irgendwann gelernt. Es kostete Sie allerdings einige Mühe.

Auf dieselbe Weise haben Sie gelernt, alles in Ihrer Welt zu bewerten: Hunde, Regen, Salzgurken, Ihre Geschwister, Lady Gaga, Mallorca, Basketball, Liebe, Rosen, Heuschnupfen und so weiter. Es ist Ihnen wahrscheinlich nur noch ausnahmsweise bewusst, dass Sie Noten verteilen und nach welchem Maßstab. Nur wenn etwas Neues auftaucht oder Sie Ihre Meinung ändern, machen Sie das wissentlich.

Gegen die einmal entstandene Automatik ist schwer anzukommen. So geht es fast allen. Nachdem man sich wieder einmal mit einer impulsiven Bemerkung in die Nesseln gesetzt hat, stellt man fest: Das hättest du lieber nicht sagen sollen. Aber immerhin: Besser, man bemerkt es spät als gar nicht.

Ein Fortschritt kündigt sich an, wenn einem mitten in einem Streit bewusst wird, dass man Konflikte auch entspannter lösen könnte, und es dann tut. Sie werden entdecken, dass sich durch Ihre Entscheidung die gesamte Gesprächsatmosphäre positiv verändert; denn zu einem Streit gehören zwei.

Die höchste Stufe haben Sie erreicht, wenn Sie Stress von vornherein vermeiden. Das setzt ein hohes Maß an Bewusstheit voraus. Bevor Sie handeln oder reden, sehen Sie mehrere Möglichkeiten vor sich: stressige und entspannte. Gelassen bleiben oder nicht? Sie haben die Wahl.

29. In welchen Situationen sollte man lieber nicht entspannt bleiben?

Grundsätzlich muss das jeder für sich selbst definieren. Das ABC-Modell eröffnet Wahlmöglichkeiten. A steht für das äußere Ereignis, B für die Bewertung des Geschehens und C für die Konsequenzen, also die Gefühle und Verhaltensweisen, die aus der Bewertung folgen. Nicht die Dinge führen zu den Emotionen, sondern die Gedanken über die Dinge.

Wenn man dieses Modell verinnerlicht und eingeübt hat, bestimmen nicht mehr die Situationen die Reaktionen. Das taten sie ohnehin nie. Aber man lebte in dem Irrglauben. Mit entsprechender Achtsamkeit gewinnt man seine ursprüngliche Freiheit zurück und kann so fühlen und so handeln, wie man möchte, unabhängig vom äußeren Geschehen.

Diesen Spielraum wird jeder auf seine Weise nutzen. Während die einen auch bei Krisen und Schicksalsschlägen gelassen bleiben, werden andere nur den üblichen Alltagsstress beenden wollen.

Einen Anhaltspunkt gibt Ihnen die Frage, ob Gelassenheit in einer Situation vernünftig und angemessen ist oder nicht. Nehmen wir an, eine große, aber harmlose Spinne lässt sich von der Decke auf Ihr Bett herunter, während Sie darin liegen. Dann wäre alles andere, als das Krabbeltier einzufangen und an die frische Luft zu befördern, unangemessen. Es stellt keine Gefahr dar. Sie müssen den Anblick von Spinnen nicht mögen. Aber in Panik zu verfallen wäre vollkommen übertrieben. Andererseits brauchen Sie das Tier auch nicht in Ihrem Haus zu dulden.

Angst, Ärger und Enttäuschung sind ein Teil des Lebens. Diese Gefühle treten auf, wenn Ziele oder Wünsche blockiert werden. Dann ist es angemessen, leicht irritiert, etwas besorgt oder ein bisschen enttäuscht zu sein. Das könnte man als relative Gelassenheit bezeichnen.

Etwas ganz anderes sind starke Emotionen wie Panik, Depressionen und Jähzorn. Sie beruhen auf dramatisierenden oder diktatorischen Gedanken. Solche sind ungesund und daher fast nie angemessen.
Gelassenheit stellt sich in (realen, nicht eingebildeten!) Katastrophenfällen anders dar als im Urlaub. Man sollte aber auch in Krisen einigermaßen die Ruhe bewahren. Die Aussichten, kritische Situationen zu bewältigen, sind dann viel besser. Man denkt besonnener und handelt umsichtiger. Sonst läuft man wie mit Scheuklappen wild in irgendeine Richtung und damit vielleicht ins Verderben.

30. Ich habe gehört, dass bestimmte Reize in der Umwelt unmittelbar eine Stressreaktion auslösen. Habe ich überhaupt die Wahl, gelassen zu bleiben?

Weil es so wichtig ist, hier noch einmal: Es sind unsere Gedanken, nicht die äußeren Reize, die Stress auslösen. Bekanntlich gibt es keine Regel ohne Ausnahme. So ist uns angeblich die Angst vor Höhen und lauten Geräuschen angeboren. Egal, ob es noch ein, zwei oder drei andere Außenreize sind, die unmittelbar Stress hervorrufen, können wir doch feststellen, dass 99,9 Prozent der anderen sogenannten »Stressoren« uns nicht zwingend Probleme bereiten. Sie sind erlernt. Und selbst Höhenangst und die Schreckreaktion auf knallende Geräusche lassen sich abtrainieren.
Warum ist das noch nicht allgemein bekannt?
Bisher glaubte – abgesehen von Ausnahmepersönlichkeiten wie dem Buddha, Epiktet und ihren SchülerInnen – der größte Teil der Menschheit, dass die Umwelt uns unsere Gefühle und Handlungen diktiert. Wir seien Opfer unserer Umgebung. Das Sein bestimmt das Bewusstsein, das war nicht nur die Grundüberzeugung eingefleischter Marxisten, sondern aller Materialisten dieser Welt, und das ist zurzeit noch die große Mehrheit. Nur wenige sind bisher von der Macht des Geistes überzeugt, trotz der vorliegenden Beweise durch die Kognitive Verhaltenstherapie, der Erfolge des Mentalen Trainings oder der Psychosomatik (Mind-Body-Medizin).
Da es ihnen immer und immer wieder falsch weitergegeben wurde, übernehmen die meisten diese Theorien unkritisch. Wenn die Irrtümer scheinbar überall schwarz auf weiß stehen, muss es ja wohl stimmen, oder? Millionen Menschen können nicht irren! (Die Erde ist eine Scheibe.)
Das AC-Denken, wonach die Außenwelt (A) die Konsequenzen

(C) im Denken, Fühlen und Handeln bestimmt, ist fest in unserer Sprache verankert. Dadurch wird das Umdenken erschwert. Wir sagen Sätze wie: »Der nervt wieder« (keine andere Wahl), »Das macht mich traurig« (ich kann nichts dagegen machen), »Der Film brachte alle zum Lachen« (ohne Ausnahme), anstatt richtigerweise so zu formulieren: »Ich mache mir wegen dem mal wieder Stress« (wäre nicht unbedingt nötig), »Ich trauere, weil das passiert ist« (das entspricht meiner Bewertung der Situation), »Ich amüsiere mich über diesen Film« (andere finden ihn blöd).

Der unmittelbare Eindruck spricht für das AC-Denken, weil wir uns unserer Gedanken ohne Training selten bewusst sind. Wir beobachten, dass die Sonne von morgens bis abends über den Himmel wandert. Unsere Sinne täuschen uns. Deshalb glaubten wir bis zum Beweis des Gegenteils, dass die Sonne sich bewegt, nicht die Erde. So auch hier: Wir übersehen unsere Gedanken und sind deshalb überzeugt, von den Außenreizen gesteuert zu sein.

Erst wenn man diesen Irrtum einsieht, kann man sich von Stress befreien.

31. Wer hat eigentlich die Gelassenheit »erfunden«?

Ich denke, das Urheberrecht für Gelassenheit müssen wir Gott zugestehen (oder wer oder was auch immer dieses Universum geschaffen hat). Gelassenheit ist in jedem Menschen als Möglichkeit angelegt. Wir müssen sie nur entdecken und nutzen. Jeder Mensch hat die Wahl, wie er auf äußere Ereignisse reagieren möchte.
Eine der ältesten Quellen, die einen Weg zum harmonischen Leben mit der Natur und unter den Menschen beschreibt, ist der Taoismus. Seine Ursprünge reichen bis in graue Vorzeiten. Die wichtigste Schrift des Taoismus ist das Tao Te King. Ob Laotse tatsächlich ihr Verfasser ist, weiß man nicht genau. Möglicherweise handelt es sich um eine Sammlung verstreuter Weisheiten.
Sehr alt ist auch der Buddhismus. Seine bedeutendsten Lehren zielen auf Gelassenheit, Toleranz und Freundlichkeit. Wer sie sich zu eigen macht, lebt mit Sicherheit stressfreier als die meisten anderen.
Eine Reihe griechischer Philosophen der Antike beschäftigte sich mit der Frage, wie man leben solle. Was könnte man unter einem guten Leben verstehen? Insbesondere die Stoiker haben Antworten gefunden, die heute noch Gültigkeit besitzen. Besonders bemerkenswert ist, dass einige Vertreter dieser philosophischen Schule tatsächlich so gelebt haben, wie sie es lehrten. Das gilt übrigens auch für taoistische Weise sowie für den Buddha und seine Schüler.
Mitte der 1950er Jahre begründete Albert Ellis die Rational-Emotive Verhaltenstherapie. Er bezog sich ausdrücklich auf die Lehren des Epiktet und machte sie für die heutige Zeit anwendbar. Gleichzeitig betonte er den philosophischen Charakter seiner Methode. In der Folge haben andere wie Aaron T.

Beck, Marsha Linehan und Byron Katie davon eigene Schulen abgeleitet.

Keiner von den Genannten kann für sich in Anspruch nehmen, etwas Neues geschaffen zu haben. Sie haben lediglich etwas entdeckt und gelebt, was den meisten anderen verborgen geblieben ist: Gelassenheit, Toleranz und Frieden.

32. Kann man in jeder Situation entspannt bleiben? Sind die Umstände völlig egal?

Diese Frage zielt darauf, ob es einfache und schwierige Situationen gibt. In den einfachen könne man entspannt bleiben, in den schwierigen nicht.

Wenn Sie das Buch bis hierher gelesen haben, ahnen Sie vielleicht schon, was ich darauf antworte: Die Umstände sind, wie sie sind. Ob man sie als schwierig oder einfach ansieht, hängt von einer Bewertung ab. Die fällt je nach Betrachter unterschiedlich aus.

Nehmen wir ein Beispiel aus dem Bereich des Sports: Ist es schwierig, 20 Kilometer zu laufen? Das kommt darauf an, wie trainiert man ist. Jemand, der einmal im Monat einen Marathon über 42 Kilometer läuft, findet es vergleichsweise einfach, die halbe Distanz zurückzulegen.

Ein anderes Beispiel: Ist es schwierig, für zwanzig Personen ein Essen zu kochen? Wenn man sich nicht einmal selbst ein Spiegelei braten kann, bestimmt. Wer jedoch jeden Abend für hundert und mehr Personen Speisen zubereitet, kocht für zwanzig Personen mit links.

Nächstes Beispiel: Ist es schwierig, die Nerven zu behalten, wenn die Ampel auf Rot springt, kurz bevor man die Kreuzung erreicht? Das hängt davon ab, wie sehr man Gelassenheit geübt hat. Manche empfinden schon solche Kleinigkeiten wie das Warten an einer Ampel als schwer. Andere bleiben noch gelassen, wenn um sie herum alles zusammenbricht.

Keine Situation ist zu schwierig, um gelassen zu bleiben. Ein Torero ist sehr aufmerksam, aber relativ entspannt, wenn ein wilder Bulle auf ihn zurast. Er hat gelernt, damit umzugehen. Ein Fakir legt sich auf ein Nagelbett, ohne zu jammern. Er hat dafür trainiert.

Das heißt, dass man in jeder Situation entspannt bleiben kann, wenn man die Gelegenheit hatte, entsprechend zu üben und sich darauf vorzubereiten. Ob man das möchte, ist eine andere Frage. Ich persönlich habe keinen Ehrgeiz, wie manche Ultratriathleten 77 Kilometer zu schwimmen, 3600 Kilometer Rad zu fahren und 844 Kilometer zu laufen.

Ich trainiere nicht für Extremsituationen. Meinen Alltag mit seinen vielfältigen Herausforderungen möchte ich aber schon gelassen und entspannt bewältigen. Auf die voraussehbaren Probleme im Leben möchte ich vorbereitet sein.

Und Sie?

33. Wollen Sie etwa behaupten, dass ich an meinem Stress selber schuld bin? Ich kann doch nichts dafür, oder?

Schuld ist eine moralische und eine rechtliche Kategorie. Um eine Person zu verurteilen, muss ihr nachgewiesen werden, dass sie die Tat vorsätzlich oder fahrlässig verursacht hat. Wenden wir diesen Grundsatz auf die Frage an, ob jemand an seinem Stress selber schuld ist, kommen wir zu dem Ergebnis, dass wir uns nach seinem Wissen erkundigen müssen.
Wusste derjenige, dass Stress die Folge seines Denkens sein würde? War er sich bewusst, dass die Gedanken die Gefühle und das Handeln bestimmen? Dann wäre es Vorsatz. Hätte er es wissen können? Falls ja, läge Fahrlässigkeit vor. In beiden Alternativen müssten wir in der Tat sagen, derjenige sei an seinem Stress selber schuld.
Unwissenheit schützt vor Strafe nicht, sagt man. Das bedeutet, dass jemand selbst dann für die Folgen seines Tuns zur Verantwortung gezogen wird, wenn er die bestehenden Gesetze nicht kennt.
Eines der Lebensgesetze besagt, dass man so fühlt und handelt, wie man denkt. Weiß man nicht, dass es existiert, schützt einen dies nicht vor seinen Folgen. Das ist die gegenwärtige Grundsituation der meisten Menschen. Sie kennen den Zusammenhang zwischen dem Denken, Fühlen und Handeln nicht. Dem Leben ist das egal. Auf die Ursache folgt trotzdem die Wirkung. Schuld hin, Schuld her.
Irrationales, wirklichkeitsfremdes Denken wird mit Stress »bestraft«, rationales, den Tatsachen entsprechendes mit Gelassenheit »belohnt«. Finden Sie das gemein? Dann sollten Sie bedenken, dass wir viele Lebensgesetze selbstverständlich akzeptieren. Wir tun uns nur schwer damit, sie erst einmal zu erkennen.
Bevor die Menschen wussten, dass sie sich mit Hilfe von Blitz-

ableitern vor Unwetter schützen können, dachten sie, einem jähzornigen Donnergott ausgeliefert zu sein, der Blitze gegen sie schleuderte, weil sie ihm nicht gehorcht hatten. Waren sie selbst schuld, wenn sie vom Blitz erschlagen wurden oder ihr Haus nach einem Einschlag abbrannte? Solange sie keine Ahnung von den wahren Ursachen hatten, nicht. Heute würde man jedoch nur mit den Schultern zucken: Warum hat derjenige keinen Blitzableiter eingebaut? Wieso war er so dumm, bei Gewitter schwimmen zu gehen?

So wird es eines Tages auch bei Stress sein. Wer den Zusammenhang zwischen unangenehmen Emotionen, destruktivem Handeln und irrationalem Denken nicht wahrhaben will, hat die Folgen zu tragen.

Vielleicht sollten Sie dieses Buch besser nicht lesen; denn danach sind Sie selber schuld, wenn Sie keinen »Blitzableiter« in Ihr Denksystem einbauen.

34. Warum kann man zu Hause und bei der Arbeit nicht so entspannt sein wie im Urlaub?

Diese Frage unterstellt, dass dem so sei. Aber manche entspannen sich bei der Arbeit mehr als im Urlaub; denn es sind nicht die Umstände, die einen stressen, sondern die Gedanken. Wer seinen Beruf liebt und gut ausgebildet ist, arbeitet relativ entspannt. Diejenigen, die im Sommer in den Süden reisen, obwohl sie die Hitze nicht vertragen, fügen sich dagegen unnötiges Leid zu.
Der Psychologe Mihaly Csikszentmihalyi hat herausgefunden, dass mehr Menschen einen Zustand wacher Entspanntheit, den sogenannten Flow, bei der Arbeit erreichen als in ihrer Freizeit. Trotzdem wird ständig über die Arbeit gemeckert und so getan, als sei die Freizeit reines Vergnügen.
Angeblich wird in Deutschland jede dritte Scheidung nach den Sommerferien eingereicht, in Italien soll es sogar jede zweite sein. Eine Zeitung kommentierte diese Meldung so: »Die Sommerferien bestehen für viele Ehepaare aus drei Zutaten: Sonne, Strand – und Streit.«
Weder die Arbeit noch der Urlaub müssen belastend sein. Aber leider machen sich viele das Leben zur Hölle, indem sie sich den falschen Beruf, den verkehrten Arbeitsplatz, das unpassende Team suchen. Dann wählen sie auch noch den falschen Partner und einen ungeeigneten Urlaubsort.
Trotzdem wird an dem Mythos festgehalten, der Urlaub sei die schönste Zeit im Jahr. Wahrscheinlich stammt dieser Satz aus der Werbung von Reiseunternehmen. Dabei wird ignoriert, dass Familien sich in ihrer Ferienidylle in die Haare geraten, andere eine Sommerakne ausbilden oder sich bei ihrer exotischen Fernreise eine Hepatitis zuziehen.
Am besten ist es natürlich, wenn man zu Hause, bei der Arbeit und im Urlaub entspannt ist. Ohne Gelassenheit zu üben, ist das aber schwierig.

35. Wie kommt es, dass die Menschen im Süden – überall, wo die Sonne scheint – so locker sind?

Diese Frage wird mir von JournalistInnen oft vor Beginn der Sommerferien gestellt in der Erwartung, dass ich der zugrunde liegenden Annahme zustimme und Gründe dafür liefere. Natürlich würde ich dies gerne tun und würde schon längst irgendwo im Süden leben, wenn es denn so wäre, dass die Menschen dort so gut drauf sind.

Leider ist der Effekt der Sonne geringer, als allgemein angenommen wird. Zwar gibt es tatsächlich eine nachweisbare aufheiternde Wirkung, wenn sich im Frühling die ersten Sonnenstrahlen zeigen. Aber sie geht schnell vorüber.

Auch trifft es zu, dass die Zahl der Selbstmorde abnimmt, je weiter man von Nord- nach Südeuropa kommt. Das ist teilweise auf den Lichtmangel zurückzuführen, der manche Menschen depressiv macht.

Hierbei handelt es sich übrigens um eine der wenigen Ausnahmen, wo eine äußere Bedingung einen direkten Einfluss auf die Gefühle hat. Daraus darf man aber nicht schließen, dass eine Empfindlichkeit gegen Lichtmangel automatisch zum Selbstmord führt. Andere Faktoren müssen hinzukommen.

Trotz dieser positiven Wirkung von Sonne und Licht kann man nicht generell sagen, dass die Menschen im Süden gelassener sind. Die Mafia hat ihre Wurzeln im sonnigen Sizilien. Der Begriff »Amok« ist malaysischen Ursprungs und bedeutet so viel wie »wütend, rasend, randalierend, tobend, durchdrehend«. Lange Zeit herrschten in Portugal, Spanien und Griechenland Militärdiktaturen.

Eine Variante der obigen Frage lautet: Warum sind die Menschen auf Hawaii so entspannt? Ich weiß nicht viel über diese Insel, aber eine kurze Recherche zeigt mir, dass auch dort zahlreiche Kriege ausgetragen wurden, und zwar bereits vor der

Ankunft irgendwelcher Siedler oder Kolonialisten. Heute hat Hawaii mit denselben Problemen zu kämpfen, die im Norden auftreten, wie Obdachlosigkeit und Drogenmissbrauch. Das sind klare Anzeichen, dass Hawaii nicht das Paradies ist, das man dort wegen der Sonne und der Blumenkränze vermutet. Schade, sonst könnten wir einfach in die Sonne gehen, und alles wäre gut.

36. Wieso können sich Kinder so gut entspannen?

Falls das heißen soll, dass Kinder viel gelassener seien als Erwachsene, so stimmt es nicht. Sie sind schließlich keine eigene Spezies, auch wenn sie sich in wesentlichen Punkten von Erwachsenen unterscheiden. Zum Beispiel sind sie viel irrationaler. In dieser Hinsicht ist es schon um Ältere nicht besonders gut bestellt. Aber Kinder übertreffen diese noch einmal um Längen. Anders als Erwachsene können sie dafür nichts, weil sie wenig von der Welt wissen, sehr leichtgläubig sind und keine Zeitvorstellungen haben.

Jeder, der ein einigermaßen realistisches Bild von Kindern hat und die Kindheit nicht verklärt, weiß, dass für sie die Welt häufig untergeht. Schon bei Kleinigkeiten, zum Beispiel wenn sie ins Bett gehen sollen, ihr Lieblings-Dino abhandengekommen ist oder sie erst morgen wieder auf den Spielplatz dürfen. Für sie heißt das: nie wieder. Ihr Lebensglück ist augenblicklich zerstört. Sie sind untröstlich.

Die Gefühle, die den Älteren so oft Probleme bereiten, setzen ihnen genauso zu. Sie ärgern sich, haben Ängste, sind traurig, neidisch, schämen sich und so weiter. Sie wissen damit nicht umzugehen und können sich nur schwer wieder beruhigen. Sie glauben an den Weihnachtsmann, den Osterhasen und den Klapperstorch, jedenfalls wenn man ihnen das so erzählt. Nicht selten sind sie unbeherrscht. Dann werfen sie sich auf den Boden, feuern Gegenstände durch die Luft oder schreien ihre Eltern an und beschimpfen sie wüst.

Übrigens habe ich Ihnen so ganz nebenbei ein Beispiel dafür geliefert, wie tief irrationale Denkmuster in unserer Sprache verwurzelt sind. Zu Beginn des vorigen Absatzes schrieb ich: »Die Gefühle, die den Älteren so oft Probleme bereiten ...« Sind Sie darüber gestolpert? Ich hoffe es; denn Gefühle können keine Probleme bereiten. Wie sollten sie dies tun? Sie führen kein Eigenleben, sondern sind ein Teil von uns. Wir schaffen uns die Probleme selbst durch die Art, wie wir denken. Wir bringen durch unsere Gedanken die Emotionen zum Entstehen, erhalten sie so aufrecht und lassen sie wieder abklingen. Aber zurück zu den Kindern. Wären sie tatsächlich so entspannt, wie manche ihnen das andichten, bekämen sie nicht so oft Ritalin (ein Betäubungsmittel, das Hyperaktivität bei Kindern und Jugendlichen dämpfen soll) oder Beruhigungsmittel. Ob dieser medikamentöse Weg allerdings der richtige ist, wage ich zu bezweifeln.

37. Sind Frauen gestresster als Männer?

Über Frauen werden viele Vorurteile verbreitet. Eines besagt, dass sie emotionaler, oft sogar hysterisch seien. Aber gehen Sie mal in ein Fußballstadion, oder schauen Sie sich ein Spiel im Fernsehen an. Wer steht denn da auf den Rängen und brüllt? Verzweifelte Gesichter, Tränen, aggressive Ausbrüche bis hin zu Toten und Verletzten, frei flottierende Angst, dass in der letzten Minute noch ein Tor für die gegnerische Mannschaft fallen könnte. Aber Sie werden auch Zeuge von Ekstase, Jubelstürmen, heiliger Stille sowie heftigen Sympathie- und Liebesbezeugungen. Es sind zu 90 Prozent Männer, die sich so hochemotional, ja bisweilen hysterisch verhalten.
Von Natur aus haben beide Geschlechter beide Möglichkeiten. Sie können sich Stress machen oder gelassen bleiben. Der Rest ist eine Frage der Traditionen, der Rollenvorbilder und der Geschlechtererziehung.
Hartnäckig hält sich jedoch der Glaube, es seien die Hormone, die Gene, die Botenstoffe im Gehirn oder sonstige biologische Ursachen, die für die Emotionen verantwortlich seien. Ich bestreite nicht, dass diese Gegebenheiten eine Rolle spielen. Entscheidend sind sie jedoch nicht.
Noch will es nicht jeder Naturwissenschaftler sehen. Manche werden es nie begreifen. Trotzdem mehren sich die Stimmen, die sagen, dass die Biologie dem Geist unterworfen ist und nicht umgekehrt. Ob Gene ein- oder abgeschaltet werden, Hormone ihre Wirkung entfalten oder Botenstoffe aktiv werden: Das regeln die Gedanken über die Gefühle. Natürlich gibt es gewisse Wechselwirkungen, aber das ändert nichts an den Grundtatsachen.
Aber nehmen Frauen nicht mehr Beruhigungsmittel als Männer? Haben sie nicht häufiger Depressionen? Die Wahrscheinlichkeit, dass eine Frau ein Beruhigungsmittel verschrieben bekommt, ist tatsächlich höher. Es werden bei ihnen auch

mehr Depressionen diagnostiziert. Möglicherweise handelt es sich dabei jedoch um ein Wahrnehmungs- und Bewertungsproblem der Ärzte.

Männer beruhigen sich stärker mit Bier und Wein. Sie verbergen ihre Depressionen. Lange war es ein Tabu, darüber zu sprechen. Erst nachdem ein prominenter Torwart Selbstmord begangen hatte und andere Fußballer wegen ihrer Depressionen nicht mehr spielfähig waren, gelangte dieses Thema an eine größere Öffentlichkeit.

Frauen und Männer unterscheiden sich hinsichtlich Stress nicht wesentlich. Die Erscheinungsformen mögen andere sein, die Bühnen nicht dieselben, aber im Kern überwiegen die Ähnlichkeiten.

38. Wird man mit zunehmendem Alter gelassener?

Kann sein oder auch nicht. Jedenfalls liegt es nicht am Älterwerden allein. Nur wenn man Gelassenheit trainiert, wird man gelassener. Dazu muss man nicht unbedingt ein Buch zum Thema lesen. Viele lernen einfach aus ihren Erfahrungen. Sie fallen ein paarmal »auf die Schnauze«, um es drastisch zu formulieren, und merken auf die harte Tour, dass sie keine Chance haben, gegen den Stress zu gewinnen. Er macht sie auf Dauer fertig.
Daraus ziehen sie den Schluss, dass sie umkehren müssen, und so werden sie mit zunehmendem Alter gelassener. Es ist ja nicht so, dass die Leute nicht wüssten, was sie besser tun und lassen sollten. Aber sie ändern sich nun einmal ungern. Nur wenn es keine andere Wahl gibt, lenken sie ein. Jedoch nicht alle. Nicht wenige sterben lieber, als dass sie von ihrem selbstmörderischen Trip ablassen. Stress ist ein Killer. Das muss man sich ganz klarmachen.
Es werden nur diejenigen alt, die einen Weg finden, relativ stressfrei zu leben. Die anderen verabschieden sich nach und nach. Deshalb findet man unter den Älteren mehr glückliche und entspannte Menschen als unter den Jüngeren. In den ersten Lebensjahrzehnten verzeiht der Körper vieles. Er hofft, dass seine TrägerIn ein Einsehen hat und versteht, warum er/sie so viel Schmerz und Leid erlebt.
Stress ist kein unentrinnbares Schicksal. Wer seine Kindheit überlebt, hat grundsätzlich die Chance, sein Leben in die Hand zu nehmen und seines Glückes Schmied zu sein. Als Kind hat man nur begrenzte Freiheit und ist daher weniger verantwortlich für das, was mit einem passiert.
Mit jedem Lebensjahr, das hinzukommt, kann man jedoch immer weniger geltend machen, die Eltern seien schuld. Von Erwachsenen erwartet man zu Recht, dass sie ihre Wahlmöglich-

keiten positiv nutzen. Das heißt nicht, dass jeder unbegrenzte Wahlmöglichkeiten hat. Aber selbst wenn man am Anfang seines Lebens Pech hatte, kann und sollte man später die zahlreichen Hilfsangebote annehmen, die die Gesellschaft einem für den Fall anbietet, dass die Kindheit miserabel war.

Manche leugnen, dass jeder seines Glückes (und seiner Gelassenheit!) Schmied sei. Das beruht auf einem Missverständnis. Selbstverständlich spielen die politischen und gesellschaftlichen Verhältnisse eines Landes eine große Rolle. Neoliberale PolitikerInnen reden von Freiheit und Verantwortung und meinen Privilegien und Benachteiligungen. Aber deshalb darf man ihnen nicht die Deutungshoheit überlassen. Freiheit bleibt ein hoher Wert, auch wenn der Begriff grob missbraucht wird. Man sollte sie in jeder denkbaren Weise nutzen, um sein Glück und seine Gelassenheit zu finden, trotz aller Hindernisse, die einem in den Weg gelegt werden.

39. Ich bin ein Gefühlsmensch. Meine Gefühle bestimmen mein Leben. Deshalb kann ich in vielen Situationen unmöglich gelassen bleiben, oder?

Sicherlich sind einige temperamentvoller als andere. Aber das muss kein Hindernis sein, um – wann immer Sie das wollen – gelassen zu bleiben. Die Gefühle bestimmen Ihr Leben nur, wenn Sie das zulassen. Jeder Gefühlsmensch hat auch einen Verstand, den er benutzt. Sonst könnten Sie zum Beispiel dieses Buch nicht lesen.

Ihr Verstand ermöglicht Ihnen, Ihren Gefühlen freien Lauf zu lassen, was Sie in der Vergangenheit offenbar bevorzugt haben, oder die Emotionen zu beherrschen. Letzteres ist Ihnen bestimmt nicht fremd.

Nehmen wir an, ein angetrunkener, großer, kräftig gebauter Zweizentnermann mit einer brutalen Visage beleidigt Sie auf offener Straße. Sie schäumen innerlich vor Wut. Ziehen Sie es vor, dem Angreifer deutlich Ihre Meinung zu sagen, oder gehen Sie lieber weiter, ohne ein Wort zu verlieren?

Dieselbe Situation mit Ihrem Chef. Okay, er mag anders aussehen und nüchtern sein. Er hat Sie auch nicht beleidigt, sondern Ihnen ungerechte Vorwürfe gemacht. Sie hätten Lust – temperamentvoll, wie Sie sind –, ihm die Arbeit vor die Füße zu werfen. Tun Sie es, oder zügeln Sie Ihre Emotionen?

Was ich damit sagen will, ist Folgendes: Schon bisher schalten Sie Ihren Verstand ein, bevor Sie sich als Gefühlsmensch zeigen. Ihre Emotionen bestimmen Ihr Leben weniger, als Sie glauben. Kaum jemand wird sich von einem betrunkenen Schläger verprügeln lassen oder seinen Arbeitsplatz riskieren, bloß um sein Temperament unter Beweis zu stellen.

Aber sogar wenn Sie in selbstschädigender Weise emotional reagieren, besteht Hoffnung. Sie können das Abc der Gefühle genauso lernen wie jeder andere. Vielleicht müssen Sie sich etwas mehr anstrengen und härter trainieren. Möglicherweise brauchen Sie noch ein zusätzliches Training. Doch zeigen viele Studien, dass selbst diejenigen Gelassenheit lernen können, die größte Probleme mit ihren Gefühlen haben.

40. Werde ich nicht zu einem gefühllosen Roboter, wenn ich dauernd entspannt bin?

Diese Sorge ist unbegründet. Gelassenheit ist übrigens ein Gefühl, und zwar ein ziemlich angenehmes. Aber auch Ärger, Angst, Trauer, Freude, Liebe und noch viel mehr: Sämtliche Gefühle bleiben Ihnen erhalten. Nur können Sie diese in Zukunft besser regulieren.
Anders als die meisten anderen wissen Sie, wie Emotionen entstehen und vergehen. Je nachdem, woran Sie denken und wie Sie dies tun, spiegelt der Körper das dazugehörige Gefühl. Wenn Sie einen Verlust bedauern, werden Sie traurig. Verstößt jemand gegen Ihre Regeln, ärgern Sie sich. Nehmen Sie eine Bedrohung wahr, bekommen Sie Angst. Gehen Ihre Wünsche in Erfüllung, freuen Sie sich. Wenn Sie etwas oder jemanden sehr mögen, entsteht Liebe.
Interessant daran ist, dass es genügt, dass Sie sich die obengenannten Dinge einbilden. Der Verlust muss nicht tatsächlich eingetreten sein. Es kann sich um einen Irrtum handeln. Allein die Vorstellung löst schon Trauer aus.
Die Gefahr kann eingebildet sein. Trotzdem ängstigen Sie sich. Vielleicht hat Ihnen niemand unrecht getan. Dann haben Sie sich umsonst geärgert.
Daraus ergeben sich zahlreiche Möglichkeiten, wie Sie Ihre Gefühle beeinflussen können. Einerseits bietet es sich an, die Fakten zu überprüfen, bevor Sie sich beispielsweise ärgern. Hat der andere wirklich so gehandelt, wie es Ihnen erzählt wurde?
Andererseits können Sie die Tatsachen anders bewerten. Ist es wirklich so schlimm, dass Ihre beste Freundin sich von Ihnen getrennt hat? Vielleicht sind Sie später froh darüber, weil Sie Menschen kennenlernen, die noch besser zu Ihnen passen.
Anstatt immer auf die negativen Seiten von sich, anderen und Ihrer Umwelt zu achten, könnten Sie häufiger den angeneh-

men, erfreulichen Dingen Ihre Aufmerksamkeit schenken. Dann werden Sie sich öfter freuen.

Sie sehen also, dass Sie keinesfalls gefühllos werden, wenn Sie den Zusammenhang zwischen dem Denken und Fühlen begreifen. Das Einzige, was Sie wirklich verlieren, ist der unnötige Stress.

41. Mein Leben ist eine Katastrophe. Nur ein Wunder könnte mir helfen. Was soll ich tun?

Alle Probleme haben eine emotionale und ein praktische Seite. Nehmen wir an, Ihr Haus sei abgebrannt und Sie hätten Ihren Arbeitsplatz verloren. Dann brauchen Sie zunächst einmal ein neues Dach über dem Kopf, Geld, um den Unterhalt für sich und Ihre Familie in den nächsten Wochen zu finanzieren, und möglichst bald auch einen neuen Job. Das ist die praktische Seite des Problems.
Sie fühlen sich am Rande der Panik, weil Sie Ihre Existenz gleich zweifach bedroht sehen. Sie verdienen kein Geld mehr, und Ihr gesamter Besitz ist dem Feuer zum Opfer gefallen. Außerdem sind Sie wütend, weil Sie das Leben ungerecht finden. Warum musste Ihnen das passieren? Als sei das noch nicht genug, malen Sie sich Ihre Zukunft in den düstersten Farben aus mit dem Ergebnis, dass Sie nun auch noch deprimiert sind. Das ist die emotionale Seite des Problems.
Beginnen Sie damit, sich zu entspannen. Wem nützt es, dass Sie abwechselnd in Panik geraten, mit Ihrem Schicksal hadern und deprimiert sind? Erleichtert Ihnen das Wechselbad starker negativer Gefühle, Ihre praktischen Probleme zu lösen? Nein, es macht alles nur noch schlimmer.
Sie können Ihr inneres Gleichgewicht wiederfinden, wenn Sie mit einer Mischung aus Realismus und Optimismus über Ihre Situation nachdenken. Halten Sie sich an die Fakten: Zwar haben Sie Ihr Haus und Ihren Arbeitsplatz verloren, aber das Wichtigste ist Ihnen erhalten geblieben. Sie und Ihre Familie leben. Ihre Ersparnisse reichen für die nächsten Wochen und Monate. Sie haben gute Chancen auf dem Arbeitsmarkt. Es ist angemessen, dass Sie sich angesichts Ihrer Situation gewisse Sorgen machen. Aber in Panik und Depressionen müssen Sie nicht verfallen.
Mit dieser relativ entspannten Einstellung machen Sie sich auf

die Suche nach einer neuen Wohnung sowie einem anderen Arbeitsplatz. Mit der Zeit bessert sich Ihre Lage. Nachdem Sie eine Unterkunft gefunden haben, in der Sie sich wohl fühlen, merken Sie, dass Ihr Optimismus gerechtfertigt war. Dieser erste Erfolg macht Mut, sich mit voller Kraft der Arbeitsuche zu widmen. Nach drei Monaten haben Sie einen vielversprechenden Job gefunden. Ihre Ersparnisse haben gereicht. Sie und Ihre Familie sind nicht verarmt.

Dieses Beispiel lässt sich auf alle Probleme anwenden. Man sollte es möglichst vermeiden, von Katastrophen zu sprechen, solange es sich nicht um Unglücke allergrößten Ausmaßes handelt. Selbst wenn die praktischen Schwierigkeiten weniger gut lösbar sein sollten als im genannten Beispiel, bleibt die Möglichkeit, etwas für die innere Widerstandsfähigkeit zu tun.

42. Ich kann mich erst entspannen, wenn ich meinen Traumjob, eine Familie, ein Haus und eine sichere Altersversorgung habe. Was ist daran falsch?

Wünsche zu haben ist vollkommen in Ordnung. Sie geben dem Leben eine Richtung. Was man sich wünscht, ist sehr unterschiedlich. Die einen wollen Karriere machen, Immobilien, Aktien, Autos, Juwelen oder ein Segelboot. Andere sind stärker an Familie, Kindern und Freundschaften interessiert. Einige möchten all dies zusammen und noch viel mehr.
Problematisch wird es erst, wenn man sein Glück oder seine Gelassenheit davon abhängig macht, dass man diese Ziele erreicht. Viele tun dies. Aber was passiert dann? Sie entspannen sich nie, weil immer noch ein Wunsch offen ist und ständig neue Begierden auftauchen. Dann läuft man, ohne es zu wissen, in einem Hamsterrad. Das führt irgendwann zur Erschöpfung.
Schauen Sie sich die Leute an, die so denken wie Sie. Wenn es so wäre, dass erfüllte Wünsche zufrieden machen, müssten diese längst glücklich und entspannt leben. Der materielle Wohlstand in Deutschland ist so groß wie nie. Hat das dazu geführt, dass wir vor Glück auf der Straße tanzen? Schlafen wir abends selig ein, weil wir es so gut haben?
Vielleicht denken Sie, dass Sie eine Ausnahme sein werden. Sie wissen nicht, was die anderen falsch machen. Aber wenn Sie erst Ihre Karriere, Ihr Haus und Ihre Familie zusammenhaben, dann werden Sie garantiert zufrieden und entspannt sein. Nur, das dachten die anderen auch. Generationen haben sich aufgeopfert, damit ihre Kinder es mal besser haben. Haben Sie es besser? Fühlt es sich für Sie so an?
Sind wir die nächste Generation, die im Hamsterrad läuft? Wann werden wir ankommen?

43. Sie kennen die Menschen nicht, mit denen ich zusammenlebe und -arbeite. Wie soll ich in einer solchen Umgebung gelassen bleiben?

In seiner Liebeserklärung an New York hat Frank Sinatra die Zeile gesungen: »If I can make it there, I'll make it anywhere« (»Wenn ich es dort schaffe, schaffe ich es überall«). Damit hat er zum Ausdruck gebracht, dass es nicht einfach, aber sehr reizvoll ist, in New York erfolgreich zu sein, einer Stadt, die nie schläft, in der es viel Konkurrenz und eine Menge Probleme gibt.
Nicht wenige sind auf der Suche nach der idealen Umgebung, der idealen Partnerschaft und dem idealen Beruf. Sie reisen von Stadt zu Stadt, wechseln immer wieder sowohl die Beziehung als auch den Arbeitsplatz, ohne das erhoffte Glück zu finden, ohne sich irgendwo richtig wohl zu fühlen.
Woran liegt das? Ist es nur die Umgebung? Sind es nur die anderen? Oder hat es etwas mit dem eigenen Denken zu tun, das einen begleitet, egal, wohin man geht, mit wem man arbeitet und lebt? Wenn man dazu neigt, überall das Haar in der Suppe zu finden, kann es einem kaum jemand recht machen. Mit einer überkritischen Einstellung sieht man überall Mängel, so wie Pessimisten immer das Schlimmste befürchten.
Ich weiß das aus eigener Erfahrung. Vor längerer Zeit dachte ich, es in Berlin nicht mehr aushalten zu können. Die Ausbildung schien mir unerträglich, und die Menschen gingen mir alle auf die Nerven. Nachdem ich mich, genauer gesagt: mein Denken, geändert hatte, hatte ich den Eindruck, in einer anderen Stadt zu leben.
Die Personen, mit denen ich zu tun hatte, waren nicht alle einfach, aber ich kam mit ihnen aus. Das Studium, das ich begonnen hatte, war nach wie vor schwierig, aber es hatte auch seinen Reiz. Die Stadt bot mir plötzlich Möglichkeiten, die ich mit meiner miesen Laune nicht entdeckt hatte.

Ich erinnere mich an eine Frau, die zum Coaching zu mir kam. Sie wurde an ihrem Arbeitsplatz gemobbt und hatte die Kündigung bereits in der Schublade. Als sie begann, sich, das heißt ihre Einstellung zu ihren KollegInnen, zu ändern, suchte ihre Hauptgegnerin plötzlich das Gespräch mit ihr.

Damit will ich nicht sagen, dass sich alle unangenehmen Situationen in Wohlgefallen auflösen lassen. Manchmal ist es besser, sich eine neue Umgebung zu suchen. Wenn man jedoch lernt, in einem schwierigen Umfeld gelassen zu bleiben, dann entwickelt sich die Gewissheit, dass man es überall schaffen wird.

44. Ich bin LehrerIn. Wissen Sie, was das heutzutage heißt?

Auch LehrerInnen können lernen, gelassen zu bleiben, egal, was der Schulalltag mit sich bringt; denn nicht die Schule verursacht den Stress, sondern die Art und Weise des Denkens über die Schule. Wenn man sich einredet, dass das Schulsystem eine Katastrophe sei, unerträglich und nicht auszuhalten, dann provoziert man damit eine erhebliche innere Unruhe.

Umgekehrt könnte man sich stets an die reinen Tatsachen halten und emotionale Bewertungen vermeiden. Stattdessen wäre es beruhigend, sich zu sagen, dass man die gegenwärtige Schulsituation zwar belastend findet, aber nicht schrecklich. Man macht sich weiter klar, dass es Schlimmeres in der Welt gibt als die Schule und man damit umgehen kann. Zumindest kann man dies lernen.

Weiter wird einem dann auffallen, dass KollegInnen, die genauso unter Druck stehen könnten, ihr inneres Gleichgewicht behalten und relativ ruhig und entspannt ihren Unterricht abhalten.

Es gibt an der Schule wie im Leben gute und schlechte Tage. SchülerInnen, die einem nicht liegen, werden älter und verlassen die Schule. Alles verändert sich: das Kollegium, die Schulleitung, die Schulverwaltung, die Schulpolitik. Mal wird es besser, mal schlechter.

Da man sowieso Gelassenheit trainieren sollte, um mit dem Auf und Ab des Lebens sowie den vielfältigen Herausforderungen fertigzuwerden, spielt es keine Rolle, wo einem diese begegnen.

LehrerInnen besitzen einen großen Vorteil, wenn es darum geht, sich mehr zu entspannen. Da sie im Prinzip wissen, wie man Neues lernt, und täglich anderen etwas beibringen, brauchen sie diese Fähigkeiten nur auf sich selbst anzuwenden.

Auf ihrem Stundenplan steht dann an oberster Stelle Gelassenheit.
So können sie zu einem Vorbild für Ihre SchülerInnen werden. Kinder und Jugendliche lernen besonders, indem sie andere nachahmen. Wenn ihre LehrerInnen ihnen vorleben, wie man in Konfliktsituationen ruhig bleibt und Prüfungen aller Art gelassen bewältigt, lernen die SchülerInnen etwas fürs Leben. Das ist doch das erklärte Ziel schulischen Lernens.

45. Am liebsten würde ich in einer anderen Zeit oder an einem anderen Ort leben. Dann könnte ich ein entspanntes Leben führen. Meinen Sie nicht auch?

Es ist immer leichter, das Glück an einem anderen Ort oder in einer anderen Zeit zu wähnen; denn dass hier und heute nicht alles in Ordnung ist, weiß man genau. Über andere Länder und Epochen ist man weniger gut informiert, so dass die Phantasie blühen kann. Man träumt sich in fremde Welten, ohne das Risiko eingehen zu müssen, enttäuscht zu werden.

Der Traum erweist sich als Illusion, sobald man mehr über das ferne exotische Land erfährt beziehungsweise die Historie genauer studiert. Vollkommenheit hat es nirgendwo und niemals gegeben. Die Zukunft wird ebenfalls nicht rosig werden, sosehr man sich dies auch wünschen mag.

Warum kann ich das mit Bestimmtheit sagen? Weil alles dem Wandel unterworfen ist. Die Dinge entstehen und vergehen unaufhörlich. Das aber schließt Perfektion aus. Wir erleben stets nur Momentaufnahmen, die wir dann als gut oder schlecht bewerten. Im nächsten Augenblick ist es bereits wieder anders.

Die Gedanken sind flüchtig, die Gefühle unbeständig, und das Verhalten ist wechselhaft. Das Glück vergeht ebenso wie das Unglück. Deshalb sehnen wir uns nach der Beständigkeit des Glücks und der dauerhaften Abwesenheit des Unglücks. Leider vergeblich.

Hinter dem Wunsch, an einem anderen Ort oder zu einer anderen Zeit zu leben, steht die Annahme, dass die äußeren Umstände uns für immer glücklich machen können. In Wirklichkeit bestimmen unsere Gedanken die Gefühle. Die Umgebung können wir wechseln, aber unsere Denkgewohnheiten und damit unsere Gefühlswelt nehmen wir überallhin mit. Sobald

der Reiz des Neuen verblasst, fühlen wir uns so gelangweilt, gestresst und unglücklich wie zuvor.
Diesem Dilemma entrinnen wir nur, wenn wir unser Denken ändern. Wir müssen die Stressgedanken aufgeben, wenn wir Ruhe finden wollen. Der Himmel und die Hölle liegen in uns. Deshalb schaffen es viele mühelos, sich selbst in der schönsten Umgebung Stress zu machen. Sie streiten, obwohl sie satt und zufrieden sein könnten. Sie finden die Mängel im Paradies, und schon sehnen sie sich wieder nach einem anderen Ort, anderen Menschen oder einer anderen Zeit.

46. Meine PartnerIn nervt.
Wie soll ich da gelassen bleiben?

Kaum etwas geht uns so auf die Nerven wie unsere Mitmenschen. Sie halten ihre Versprechen nicht ein, vergessen Verabredungen und Geburtstage, verstoßen gegen moralische und gesetzliche Regeln, sind unhöflich und viel zu laut. Im Grunde genommen sind sie unmöglich. Nicht alle die ganze Zeit, aber jeder irgendwann.
Besonders enttäuscht sind wir, wenn unsere Liebsten uns nicht verstehen, unsere Wünsche nicht erfüllen, uns im Stich lassen, das Vertrauen brechen oder sich von uns trennen.
Manchmal sind *wir* für die anderen die Nervensäge, indem wir unpünktlich, vergesslich, laut, rücksichtslos, unfreundlich, rechthaberisch, unaufmerksam, schlecht gelaunt und müde sind. Jedenfalls sehen uns einige so, selbst wenn wir uns die größte Mühe geben, es ihnen recht zu machen.
Niemand ist perfekt. Die anderen ebenso wenig wie wir. Leider wollen sie das nicht einsehen. Wer will schon wahrhaben, dass niemand die ganze Zeit alle unsere Bedürfnisse befriedigen kann, nicht einmal unser Partner beziehungsweise unsere Partnerin? Für uns selbst nehmen wir dagegen in Anspruch, Fehler haben und unvollkommen sein zu dürfen.
Genau das ist das Problem. Wir erwarten, dass unsere Mitmenschen ausnahmslos so sind, wie wir es uns wünschen. Mehr noch: Wir *verlangen* es von ihnen – mit der Folge, dass wir gestresst sind, wenn sie dem nicht entsprechen.
Der Begründer der Gestalttherapie, Fritz Perls, hat die Gegenposition eingenommen, indem er sagte:
»Ich mache mein Ding, und du machst dein Ding.
Ich bin nicht auf dieser Welt, um deine Erwartungen zu erfüllen,
und du bist nicht auf dieser Welt, um meine zu erfüllen.
Du bist du, und ich bin ich,

und wenn wir zufällig zueinanderfinden, ist das wunderbar. Wenn nicht, ist da nichts zu machen.«

Aus meiner Sicht ist dieses Statement die einzig vernünftige Basis für ein partnerschaftliches Zusammenleben, das diesen Namen verdient. Kein Gezerre, kein Stress, kein Versuch, den anderen so hinzubiegen, wie man es gerne hätte. Stattdessen Freiheit, Toleranz und – Gelassenheit.

47. Meine Familie, das bedeutet Stress pur. Was soll ich tun?

Nicht die Dinge beunruhigen die Menschen, sondern ihre Meinungen über die Dinge. Diese zeitlose Erkenntnis trifft auch auf die Familie zu. Nicht sie ruft den Stress hervor, sondern bestimmte Gedanken über die Familie.
Das Familienleben bringt emotionale und praktische Probleme mit sich. Letztere sind leichter zu lösen, wenn man zunächst den Aufruhr der Gefühle besänftigt. Um das zu bewerkstelligen, ist es unerlässlich, die Stressgedanken durch entspanntere zu ersetzen.
Stellen Sie sich folgende Fragen:

1. Was denke ich über meine Familie? Welche Gedanken wühlen mich auf? Suchen Sie insbesondere Sätze, die absolute Forderungen, Übertreibungen und Dramatisierungen beinhalten. Schreiben Sie diese auf.
   Beispiel: »Meine Eltern sollten mich verstehen und respektieren. Sie sind schrecklich. Ich halte das nicht mehr aus.«

2. Natürlich finden Sie Ihre Stressgedanken überzeugend. Sie glauben das, was Sie sich einreden. Sonst würden Sie ruhig bleiben. Stellen Sie die Gedanken, die Sie im ersten Schritt identifiziert haben, in Frage:
   – Stimmt das, was mir da durch den Kopf geht?
   – Hilft mir das, mich so zu fühlen, wie ich möchte?
   Beispiel: »Stimmt das wirklich, dass meine Eltern mich nicht verstehen? Sind sie so schrecklich, wie es mir vorkommt? Hilft es mir, wenn ich mir einrede, dass ich es nicht mehr aushalten kann?«

3. Ersetzen Sie die Stressgedanken durch eine entspanntere Einstellung.
Beispiel: »Meine Eltern müssen mich nicht verstehen und respektieren. Sie sind nicht schrecklich, sondern nur nicht so, wie ich es mir wünsche. Ich komme auch ohne ihr Verständnis und ihren Respekt klar.«

Entscheidend ist, dass Sie andere Gedanken finden, die Sie genauso oder noch mehr überzeugen als Ihre Stressgedanken. Sonst ändern sich Ihre Gefühle nicht. Das erfordert etwas Übung.
Sobald Sie die Dinge etwas gelassener sehen, spielen Sie Alternativen durch, wie Sie die praktischen Probleme lösen können.
Beispiel: Sie sind ständig in Zeitnot. Die Aufgaben wachsen Ihnen über den Kopf.
Wie können Sie die Grundsätze des Zeitmanagements für sich nutzen?
Setzen Sie klare Prioritäten? Halten Sie sich strikt daran?
Können Sie nein sagen?
Es könnte sich lohnen, wenn Sie auch die anderen Fragen in diesem Buch lesen und die Antworten soweit möglich auf Ihre Situation übertragen.

48. Ich lebe allein. Das stresst mich. Wie finde ich unter diesen Umständen zu Gelassenheit?

Zwei Strategien können helfen:

1. Das Problem lösen
Wer nicht gern allein lebt, sollte – wenn möglich – diesen Zustand beenden und sich mit anderen zusammenschließen, sei es durch Treffen, Telefonate und das Internet oder durch das gemeinsame Leben mit einer PartnerIn oder in einer Wohnbeziehungsweise Hausgemeinschaft.
Das mag sich trivial anhören, ist es aber nicht. Viele, die sich allein fühlen, unternehmen gleichzeitig nichts, um Menschen kennenzulernen und Freundschaften zu schließen. Sie gehen nicht auf andere zu. Warum nicht? Weil sie sich einreden, dass es sinnlos sei, sie niemanden finden könnten, sie nicht interessant oder liebenswert seien und vieles mehr.
Alle diese Gedanken sind kontraproduktiv. Man muss sie in Frage stellen, damit man nicht mehr daran glaubt. Vor allem aber ist es wichtig, anders mit sich zu sprechen, sich zu ermutigen, um so lange dranzubleiben, bis man es geschafft hat.
Das mag nicht einfach sein (wo steht geschrieben, dass es so sein müsste?), aber es ist möglich. Andere in ähnlicher Situation oder sogar unter schwierigeren Umständen haben es vorgelebt. Wenn die das können, kann man es auch.

2. Den emotionalen Stress bewältigen
Wenn man sich Beziehungen wünscht, ist es unerlässlich, Ablehnung und Konflikte zu ertragen. Das mag paradox klingen, ist aber die Voraussetzung zur Gründung einer Gemeinschaft. Von anderen gelegentlich abgelehnt zu werden oder anderer Meinung als sie zu sein ist normal. Es ist kein Fehler eines der Beteiligten. Man kann das aushalten.
Man muss sich eine Menge Leute anschauen, bevor man die

für einen richtigen findet. Das braucht Ausdauer und Frustrationstoleranz. Beides kann man lernen.

Solange man allein lebt oder falls dies aus irgendwelchen Gründen unvermeidbar ist – solche Phasen erlebt jeder mehrmals im Leben –, sollte man sich nicht einreden, dass dies schrecklich, unerträglich oder eine Katastrophe sei. Ebenso wenig, dass man eine VersagerIn oder nicht attraktiv genug sei.

Allein zu leben kann sogar Spaß machen, und zwar dann, wenn man für sinnvolle, erfreuliche Beschäftigung sorgt. Wer viele Interessen hat, ist auch für andere anziehender. Man braucht also nicht herumzusitzen und zu warten, sondern kann aktiv seine innere und äußere Situation positiv verändern.

49. Ich wohne und arbeite in einer sehr lauten Umgebung. Kann ich trotzdem lernen, mich zu entspannen?

Als ich mein Buch *Gelassenheit beginnt im Kopf*«schrieb, hatte ich sehr schlechte äußere Bedingungen. Ich war von Lärm umgeben und konnte mich dem an keiner Stelle in der Wohnung entziehen. Nachbarn hatten frisch geborene Drillinge. Gegenüber wurde gebaut. Ein Kindergarten zog nebenan ein.
Man denkt immer, Schriftsteller leben an schönen, friedlichen Orten, die es ihnen ermöglichen, ungestört ihren Gedanken nachzuhängen und in vollkommener Harmonie mit ihrer Umgebung diese zu Papier zu bringen (heute in den Computer einzugeben). Weit gefehlt!
Viele Bücher entstehen am Küchentisch, in kleinen, spartanisch eingerichteten Kammern, in lauten Cafés, unterwegs im Flugzeug oder in der Bahn. Das ist nicht ideal, aber es geht. Ich würde es auch keinem empfehlen, aber manchmal ist es unvermeidbar. Irgendwann sind die Drillinge erwachsen. Das Haus ist renoviert, der Kindergarten weitergezogen oder man selbst.
Entscheidend ist, dass man lernt, sich voll auf eine Sache zu konzentrieren, so dass man die Umgebungsgeräusche ausblendet. Ein Leichtathlet wurde gefragt, ob ihn die Beifallsstürme und Pfeifkonzerte der ZuschauerInnen nicht gestört haben. Er guckte überrascht: »Welche Pfeifkonzerte?« Er hatte überhaupt nichts davon mitbekommen, weil er seine ganze Aufmerksamkeit auf die Bewältigung seiner Aufgaben gerichtet hatte.
Das kann man durch entsprechende Übung lernen. Meditation kommt beispielsweise dafür in Betracht. Einige glauben, dass man eine vollkommen stille Umgebung benötigt, um in Ruhe zu sitzen und zu meditieren. Das stimmt nicht. Man kann

mitten auf einer lauten Straße im Gehen meditieren. Es geht um die innere Ruhe und nicht die äußere.
Für Entspannung gilt dasselbe. Im Liegen einer Kassette mit Meeresrauschen zu lauschen ist okay, erweist sich aber als unzureichend, wenn man nicht gleichzeitig lernt, sich auch unter herausfordernden Umständen zu entspannen.
Das innere Selbstgespräch bestimmt, ob man sich gegen den Lärm wehrt (was einem nicht weiterhilft) oder so mit sich redet, dass man widerstandsfähig wird.
Zu Hilfe kommt einem der Gewöhnungseffekt. Als ich vor Jahren eine Wohnung mietete, hatte ich nicht bedacht, dass in unmittelbarer Nähe eine U-Bahn fuhr, bis auf wenige Stunden auch nachts. Ich dachte, ich könne dies nicht aushalten, aber nach einiger Zeit machte es mir nichts mehr aus.
Allerdings würde ich keinem raten, auf Dauer so zu wohnen; denn Studien zeigen, dass Körper und Geist sich nicht vollständig entspannen, wenn es draußen unruhig ist.

50. Mein Beruf stresst mich, aber ich habe keine Möglichkeit zu wechseln. Bedeutet das, dass ich bis zu meiner Rente warten muss, um Gelassenheit zu erleben?

Ich hoffe, dass Sie mit der Zeit das Muster erkennen, das sich durch meine Antworten zieht. Was einem gegen Stress hilft und mehr Gelassenheit bringt, ist im Kern immer dasselbe. Wenn wir dieses Wissen stets parat hätten, könnte ich mir dieses Buch sparen. Tatsache ist jedoch, dass Stress für unglaublich viele Menschen eine riesige Belastung darstellt, der sie sich hilflos ausgeliefert fühlen.

Der Beruf ist neben der Familie die größte Stressquelle. Manche versuchen, dem dadurch zu entkommen, dass sie von einem Arbeitsplatz zum nächsten wechseln – in der Hoffnung, endlich den richtigen zu finden. (In Beziehungen spielt sich oft das Gleiche ab.)

Ein gewisses Maß an Stress ist bei der Arbeit unvermeidbar. Im Idealfall hat man einen Beruf gewählt, der einem wirklich Spaß macht und der einem liegt. Trotzdem hat jeder Job auch seine Schattenseiten. FotografInnen müssen schwere Ausrüstungen schleppen (Lampen, Stative und manchmal sogar Leitern). Die allseits unbeliebten Steuererklärungen, schwierige KundInnen und unkooperative KollegInnen gehören zu den Dingen, auf die man lieber verzichten würde.

Einige dieser Probleme lassen sich lösen, zum Beispiel indem man eine SteuerberaterIn einschaltet, ein Kundentraining mitmacht oder in einem anderen Team arbeitet. Andere Schwierigkeiten (falscher Beruf, falsche Firma und so weiter) machen einen Berufs- oder Unternehmenswechsel nötig.

Vorschnell denkt man, das sei nicht möglich. Man könne es sich nicht leisten, weil man das Gehalt braucht, nicht umziehen will oder zu alt sei. Die eigentliche Frage lautet jedoch:

Kann man es sich leisten, alles beim Alten zu lassen? Dauerstress ist schließlich kein Pappenstiel. Er kann schwere gesundheitliche Folgen nach sich ziehen wie Burn-out, Rückenprobleme oder Schlimmeres. Das kostet dann nicht nur Geld, sondern Lebensqualität oder Lebensjahre.

Sollte eine berufliche Veränderung tatsächlich unmöglich sein, bleibt noch die Möglichkeit, seine Einstellung zu ändern. Sich in einer ausweglosen Situation Stressgedanken zu machen ist zwar verständlich, aber es verschärft eine ohnehin schon schlechte Lage noch weiter.

In solchen Fällen ist es besonders wichtig, in der Freizeit für erfreuliche Aktivitäten zu sorgen und sich so einen Ausgleich zum grauen Berufsalltag zu schaffen. Aber wie gesagt, dies ist eine absolute Notlösung, nachdem man alles, wirklich alles versucht hat, den Beruf oder den Arbeitsplatz zu wechseln.

51. Führt Trennung oder Scheidung zu Stress?

Häufig ja, jedoch ist auch hier nicht das Ereignis an sich der Auslöser für den Stress, sondern die Bewertung des Ereignisses. Das mag für viele auf den ersten Blick unglaubwürdig klingen, aber lassen Sie uns die Tatsachen genau prüfen.
Sind alle, die sich trennen oder scheiden lassen, gestresst? Wirklich alle, ausnahmslos? Sind diese Personen sämtlich im selben Ausmaß gestresst? Fragen Sie AnwältInnen, die auf dem Gebiet des Familienrechts tätig sind und Erfahrung mit Scheidungen haben. Ich hatte bei einer Kollegin jahrzehntelang einen Einblick in ihre Praxis. Sie sagte mir, dass jeder die Scheidung anders erlebt.
Es stimmt, dass zahlreiche Betroffene unter Stress leiden, jedoch sehr unterschiedlich. Während die einen Mühe haben, ihren Alltag weiter zu organisieren – dies sind allerdings sehr wenige –, leiden die meisten zwar mehr oder weniger, sind jedoch relativ gefasst dabei. Einige weinen, manche haben einen Hass auf ihre Ex-PartnerIn entwickelt, andere machen sich Sorgen, wie es finanziell und mit ihren Kindern weitergeht.
Und dann gibt es noch die, die kaum oder überhaupt nicht gestresst sind. Sie haben sich einvernehmlich getrennt, sind mit der früheren EhepartnerIn wie gehabt noch freundschaftlich verbunden und schauen nach vorn. Sie sind weder ängstlich noch depressiv, noch verärgert.
Was können wir daraus schließen? Wäre eine Scheidung zwangsläufig eine Stresssituation, müsste die Reaktion bei allen gleich sein. Das ist jedoch nicht der Fall. Ob und wie sehr jemand unter einer Trennung leidet, hängt davon ab, wie er oder sie darüber denkt. Die Gedanken bestimmen, wie lange, wie oft und wie intensiv negative Gefühle auftreten. Die Scheidung ist einfach eine Tatsache. Sie ist weder gut noch schlecht. Erst das Denken macht sie dazu.
Das ist den meisten nicht bewusst. Sie glauben, was die Medi-

en im Allgemeinen verbreiten, nämlich dass Scheidungen für alle Beteiligten schrecklich seien. Dabei wird übersehen, wie unerfreulich es sein kann, wenn ein Paar, dessen Beziehung zerrüttet ist, zusammenbleibt.

Richtig ist, dass eine Scheidung oder Trennung eine große Veränderung darstellt. Viele Angelegenheiten müssen neu geregelt werden, beispielsweise Wohnung, Umgang mit den Kindern, Unterhalt, Berufstätigkeit, Tagesablauf, Freundeskreis und vieles mehr. Das ist nicht einfach. Es wird jedoch nicht besser, wenn man es dramatisiert.

Dass Beziehungen auseinandergehen, ist ein alltäglicher Vorgang. Es passiert dauernd. Die meisten bewältigen diese Situation gut. Wenn sie beeinträchtigt sind, erholen sie sich relativ bald. Viele gehen aus dieser Erfahrung sogar gestärkt hervor. Nach einer Übergangszeit sind sie froh, diese Entscheidung getroffen zu haben.

52. Kann man gelassen bleiben, wenn man (schwer) krank ist?

Gesunde stellen sich Krankheiten oft schlimmer oder noch schlimmer vor, als sie sind. Die Kranken dagegen haben sich nach einer Übergangszeit meist daran gewöhnt und kommen damit zurecht. Sie kehren zu ihrem ursprünglichen Glückslevel zurück.

Je besser man mit Veränderungen, auch großen, umgehen kann, desto besser kommt man mit Erkrankungen, selbst schweren, klar. Häufig scheuen Menschen Veränderungen, weil sie sich Sorgen machen, was diese mit sich bringen. Sogar wenn die Aussicht auf positive Folgen besteht, zögern sie, weil sie die Ungewissheit und das Risiko scheuen.

WissenschaftlerInnen sagen, dieses Verhalten habe damit zu tun, dass es für unser Überleben stets wichtiger war, Verluste zu vermeiden, als Gewinne zu machen. Ein einziger Fehler konnte den Tod bedeuten. Das erklärt, warum wir oft so panisch reagieren, wenn das Leben uns mit Krankheit, Alter oder Tod konfrontiert. Es ist das, was wir am meisten zu vermeiden versuchen.

Es ist aber nicht die Krankheit an sich, die zu Stress führt, sondern die Einstellung. Sonst wäre es unmöglich, dass einige auf einen Hautausschlag hysterischer reagieren als andere auf einen Schlaganfall.

Die Erkenntnis, dass man mit derartigen Problemen besser oder schlechter umgehen kann, hat in den letzten Jahrzehnten deutlich zugenommen. Zahlreiche Bücher sind erschienen, die davon handeln, wie man »erfolgreich« altern, »gut« sterben und trotz vorübergehender oder chronischer Krankheit so viel Lebensqualität wie möglich erreichen kann.

Dabei sind wie immer eine Menge praktischer und emotionaler Herausforderungen zu bewältigen. Wie man sich bei einer Krankheit fühlt, hängt in hohem Maß von der Bewertung der

Situation ab und wie weit es gelingt, sich trotz allem körperlich zu entspannen.

Einige erfahren durch eine Erkrankung sogar eine bedeutsame innere Wandlung. Sie empfinden jeden Tag als ein Geschenk, für das sie dankbar sind. Es gelingt ihnen besser, Wichtiges von Unwichtigem zu unterscheiden. Sie regen sich über Kleinigkeiten nicht mehr auf. Zu leben und gesund zu sein ist alles andere als selbstverständlich. Das wird ihnen angesichts ihrer Erkrankung vielleicht bewusst wie noch nie zuvor.

53. Die Schauspielerin Mae West hat gesagt, dass Älterwerden nichts für Feiglinge ist. Heißt das, dass man im Alter mit immer mehr Stress rechnen muss?

Also, wenn Sie älter als hundert werden, müssen Sie schon damit rechnen, nicht mehr sehen oder hören zu können oder andere gravierende Einschränkungen zu erfahren. Mit dem Älterwerden ist es so eine Sache. Niemand möchte jung sterben, aber vor den Gebrechen des Alters schrecken die meisten genauso zurück.
In der Frage stecken allerdings einige Vorurteile. Ein hohes Alter zu erreichen bedeutet nicht zwangsläufig, senil, krank oder schwachsinnig zu werden. Nach einer Aufstellung des Statistischen Bundesamts aus dem Jahr 2011 sind bis zum Alter von neunzig Jahren nur etwa ein Drittel der SeniorInnen pflegebedürftig. Auch danach kommt noch ein hoher Prozentsatz bis zum Tod ohne Hilfe zurecht. Bis achtzig benötigen nur zehn Prozent Pflege.
Immer mehr Personen werden gesund alt, was nicht heißt, dass sie niemals erkranken. Aber Erkrankungen stellen keine Besonderheit von SeniorInnen dar. Menschen plagen sich in jedem Alter mit Beschwerden aller Art. Bei Kleinkindern nimmt man das gelassen hin, alten Menschen scheint man es weniger zuzugestehen.
Damit will ich nicht sagen, dass das Älterwerden keine Veränderungen mit sich bringt. Sicherlich lassen die Kräfte nach. Dieser Prozess beginnt schon früh. SpitzenathletInnen sind nur in Ausnahmefällen über dreißig Jahre. Die Regenerationsfähigkeit lässt in diesem Alter bereits deutlich nach. Andererseits muss man sehen, dass der älteste Marathonläufer der Welt seine Karriere erst mit 102 beendete.
Jedenfalls führt das Älterwerden weder zu mehr Gelassenheit

noch zu mehr Stress. Es kommt darauf an, wie man sein Leben im Allgemeinen und die Ereignisse des Tages im Besonderen beurteilt.

Am wenigsten können sich Kinder von ihrem Stress befreien, weil sie noch wenig Kontrolle über ihr Denken und ihre Gefühle besitzen. Sobald man einen voll entwickelten Verstand hat, ist es möglich, Gelassenheit zu trainieren. Diese Fähigkeit bleibt bei den allermeisten bis zu ihrem Tod erhalten. Ob sie sie nutzen, ist eine andere Frage.

54. Müssten wir unsterblich sein, um wirklich entspannt leben zu können? Wie kann man gelassen bleiben, wenn man doch weiß, dass man selbst und alle geliebten Menschen eines Tages diese Welt verlassen müssen?

»Meine Einstellung zum Tod hat sich nicht geändert«, meint Woody Allen, »ich bin strikt dagegen.« Damit spricht er wohl den meisten Menschen aus dem Herzen. Weiter sagt er: »Ich bin eben ein großer Feigling«, und spricht davon, dass er schon als kleiner Junge eine düstere Lebenseinstellung gehabt habe und die Existenz für ihn eine schmerzhafte, alptraumhafte und völlig sinnlose Erfahrung sei.

Zusammen mit der Geburt markiert der Tod die beiden großen Übergänge im Leben eines Menschen. Wenn man sich darauf keinen Reim machen kann, kann es leicht passieren, dass einem – wie Woody Allen – die Existenz sinnlos vorkommt. Die Tatsache des Todes wirft Fragen auf, denen man sich nicht entziehen kann: Wer bin ich? Wo komme ich her? Wozu bin ich hier? Wo gehe ich hin? Hat man darauf keine befriedigenden Antworten, gerät man leicht in eine spirituelle Krise, sobald man unmittelbar mit dem Tod konfrontiert wird.

Der Philosoph Epiktet hat sich zu dem Thema so geäußert: »Nicht die Dinge selbst, sondern die Meinungen über dieselben beunruhigen die Menschen. So ist der Tod an und für sich nichts Schreckliches, vielmehr ist die Meinung, dass er schrecklich sei, das Erschreckende.« Er bezog sich dabei auf Sokrates, der in aller Seelenruhe den Giftbecher ausgetrunken hatte, nachdem er zum Tode verurteilt worden war, anstatt sich der ungerechten Strafe durch Flucht zu entziehen.

Der Tod ist eine Tatsache. Kaum ein anderes Ereignis wird jedoch so negativ bewertet. Die Ungewissheit, wie der Übergang aussehen mag und was danach kommt, steigert die Katastrophenphantasien der Menschen ins Maßlose. Merken Sie etwas? Der letzte Satz ist vollkommen verdreht; aber wir akzeptieren Derartiges unbesehen, weil wir uns als Opfer und nicht als Produzent unseres Denkens betrachten.

Wir glauben tatsächlich, die Ungewissheit könne selbsttätig unsere Phantasie steuern, während in Wirklichkeit wir die Ungewissheit zum Anlass nehmen, darüber zu spekulieren. Mit Hilfe unserer Vorstellungen erschrecken, erfreuen oder beruhigen wir uns, ohne es im Allgemeinen zu wissen.

Epiktet hat außerdem gesagt, man solle nicht verlangen, dass das, was geschieht, so geschieht, wie man es wünscht, sondern wünschen, dass es so geschieht, wie es geschieht. Dann werde das eigene Leben heiter dahinströmen. Damit spricht er sich dafür aus, alles, was außerhalb der eigenen Macht steht, radikal zu akzeptieren.

Den Tod zu akzeptieren, lehnen viele ab mit der Folge, dass ihnen – wie Woody Allen – die Existenz schmerzhaft und sinnlos erscheint. Menschen wie Epiktet und Sokrates haben gezeigt, dass es auch anders geht.

55. Manche Menschen haben eine beruhigende Wirkung auf mich. Andere regen mich auf. Daher fühle ich mich so abhängig von meiner Umgebung. Gibt es einen Ausweg?

Zwei Prozesse überlagern sich hier. Erstens machen wir uns Gedanken über unsere Mitmenschen, über das, was sie sagen und tun. Je nachdem, wie wir das beurteilen, fallen unsere Gefühle aus. Haben wir den Eindruck, wir würden angegriffen oder beleidigt, ärgern wir uns. Stimmen uns unsere Gedanken über die anderen froh, fühlen wir uns in ihrer Gegenwart wohl. Zweitens haben wir die Fähigkeit, uns in andere hineinzuversetzen. Wir brauchen nur so zu denken wie sie, und schon wissen wir, wie sich das anfühlt. Ist beispielsweise die Katze meiner Freundin gestorben und beurteile ich das so wie sie als einen schweren Verlust, sind wir beide traurig. Die Trauer stellt sich jedoch nicht automatisch ein. Mochte ich die Katze nicht, empfinde ich ihren Tod anders, es sei denn, ich sehe den Verlust mit den Augen meiner Freundin. Dann fühle ich wieder wie sie.

Möglicherweise gibt es noch einen dritten Vorgang, der uns emotional mit anderen verbindet. Neurowissenschaftler haben die Theorie entwickelt, dass spezielle Nervenzellen, die Spiegelneuronen, uns für die Gefühle unserer Mitmenschen empfänglich machen. Damit lässt sich zum Beispiel gut erklären, warum Emotionen sich in großen Menschenmengen sehr schnell zu übertragen scheinen.

Diese Prozesse können wir beeinflussen, sofern wir uns unserer Gedanken, Gefühle und Handlungen voll bewusst sind und sie von denen anderer zu unterscheiden vermögen. So können uns andere Menschen überhaupt nicht aufregen. Vielmehr regen wir uns über sie auf, wenn wir die dafür erforderlichen Überlegungen anstellen. So kann uns niemand wirklich beleidigen. Derjenige mag herabsetzend über uns sprechen, aber wir müssen es ihm nicht abnehmen. Dann bleibt er gewissermaßen auf seinen Beleidigungen sitzen.

Ferner haben wir die Möglichkeit, uns von anderen zu distanzieren. Wir müssen die Welt nicht so sehen wie sie. Wenn andere nur das Negative betonen oder Kleinigkeiten aufbauschen, brauchen wir diese Sichtweise nicht zu übernehmen. Dann fühlen wir uns gut, obwohl unser Gegenüber sich in Depressionen hineinredet oder sich in seinen Ärger hineinsteigert.

Von der Wirkung der Spiegelneuronen können wir uns abschirmen. Wir nehmen in diesem Fall zwar die Emotionen wahr, die wir von anderen empfangen, aber wir wissen, dass es nicht unsere sind. Wir grenzen uns bewusst davon ab, es sei denn, wir wollen sie zulassen. Jedenfalls haben wir die Wahl, ob wir im Gefühlsstrom eines Einzelnen oder einer Gruppe mitschwimmen oder lieber aussteigen wollen. Das erfordert jedoch viel Bewusstheit und einige Übung.

56. Sie schreiben Bücher über Gelassenheit. Leugnen Sie damit nicht die Probleme?

Ich glaube, hier liegt eine Verwechslung vor. Wer so fragt, ist offenbar davon überzeugt, dass Probleme und Stress unmittelbar zusammenhängen. »Problem = Stress«, lautet die Gleichung. Sie ist jedoch falsch. Ob Probleme Stress auslösen, hängt entscheidend davon ab, wie jemand die Situation beurteilt.
Es ist sehr wohl möglich, sie als schwierig einzuschätzen und trotzdem gelassen zu bleiben. Dafür sprechen zwei gewichtige Gründe: Entweder das Problem ist lösbar. Dann sollte man sich keinen Stress, sondern an die Arbeit machen. Oder das Problem ist unlösbar. Dann ist es besser, sich zu entspannen; denn Stress wäre keine Lösung, sondern die Verschlimmerung einer ohnehin schon schwierigen Lage.
Ich schlage einen anderen Umgang mit Problemen vor. Sie gehören zum Leben dazu. Kinder, Erwachsene, Ältere: Alle haben Probleme. Nicht unbedingt dieselben, aber jeder steht vor Herausforderungen, die es auf die eine oder andere Weise zu bewältigen gilt. Der Wunsch nach einem problemlosen Leben ist verständlich, aber illusorisch. Deshalb empfehle ich, soweit möglich Lösungen zu suchen und diese konsequent in die Tat umzusetzen. Panik, Dramatisierung, Wutausbrüche sind dabei keine Hilfe, Gelassenheit dagegen schon.
Ein weiteres Argument spricht für einen gelassenen Umgang mit Problemen: Diejenigen, die angesichts von Schwierigkeiten, selbst geringfügigen, mit Stress reagieren, neigen dazu, Problemen auszuweichen. Sie sind es, die nicht wahrhaben wollen, dass eine Krise auf sie zukommt oder sie mitten in einer stecken.
Das beste Beispiel ist vielleicht der heraufziehende Klimawandel. Obwohl die Experten sich einig sind, dass wir dringend etwas unternehmen müssten, um eine Katastrophe abzuwen-

den, findet die Mehrheit die Situation offenbar so bedrohlich, dass sie das Problem lieber leugnet und nichts tut. Niemand, der einigermaßen informiert ist, kann heute noch ernsthaft behaupten, er wüsste nicht, was die Stunde geschlagen hat. Dennoch einfach so weiterzumachen wie gewohnt ist eine Strategie des Wegsehens und damit größtmöglicher irrationaler Verleugnung. Entspannt sind die Menschen dabei nicht, ganz im Gegenteil.

Deshalb setze ich mich mit meinen Büchern für Vernunft und Gelassenheit ein.

57. Meine Gedanken erschrecken mich manchmal. Wie kann ich darauf gelassen reagieren?

Wenn Sie das Buch bis hierher aufmerksam gelesen haben, wissen Sie, dass nicht die Dinge selbst uns beunruhigen, sondern die Meinung über dieselben. Dinge in diesem Sinne können äußere und innere Ereignisse sein.
Einleuchten dürfte dies bei Geschehnissen in der Umwelt. Stellen Sie sich vor, dass ein großer Hund laut bellend auf Sie zuläuft. Wenn Sie diesen Vorgang für gefährlich halten und ernsthaft befürchten, er könnte sie beißen, bekommen Sie Angst. Erkennen Sie dagegen, dass keine Gefahr droht, ist Ihnen der Hund vielleicht lästig, aber Sie bleiben ruhig.
Bei den Dingen in unserer Innenwelt ist es etwas komplizierter. Nehmen wir an, Sie ärgern sich so sehr über eine Person, dass Sie sich vorstellen, diese zu schlagen. Als Ihnen dies bewusst wird, fällt Ihnen ein, dass Sie wiederholt gelesen haben, dass jeder Gedanke sich verwirklicht. Da Sie diesen Unsinn glauben, erschrecken Sie vor Ihren »gefährlichen« Gedanken.
Aus diesen Beispielen lassen sich zwei Erkenntnisse ableiten: Erstens lösen Gedanken nur dann Gefühle aus, wenn man sie glaubt. Nur die *ernsthafte* Befürchtung, von einem Hund gebissen zu werden, führt zu Angst. Hält man dies für ausgeschlossen oder unwahrscheinlich, bleibt man gelassen, egal, wie oft man denkt: »Dieser Hund ist gefährlich.« Man ist einfach nicht davon überzeugt.
Zweitens können auch Gedanken über Gedanken oder Gefühle Emotionen hervorrufen. So kann man sich beispielsweise über seinen Ärger ärgern oder Angst vor der Angst bekommen. Glaubt man, dass jeder Gedanke Wirklichkeit wird, traut man sich kaum noch zu denken, aus Furcht, es könne etwas Schreckliches geschehen. Im Grunde weiß jeder, dass dies nicht stimmt. Eher trifft das Gegenteil zu. Man fasst gute Vorsätze,

will weniger essen und mehr Sport treiben. Doch nichts passiert, obwohl man es sich ganz fest vorgenommen hatte.
Welche Wirkung unsere Gedanken auf uns haben, hängt davon ab, wie wir über sie denken. Finden wir unsere Innenwelt interessant und spannend, haben wir Freude daran. Glauben wir dagegen, unsere Gedanken seien gefährlich oder wir dürften nicht so denken, wie wir es tun, sieht es anders aus. In diesem Fall bereiten uns unsere Gedanken über die Gedanken Stress.
Am besten ist es, wenn wir einfach neugierig beobachten, was uns so alles durch den Kopf geht.

58. Ich mag meinen Körper und mein Aussehen nicht. Darunter leide ich. Mir könnte nur eine Schönheitsoperation helfen, oder?

Sie leiden nicht unter Ihrem Aussehen, sondern unter Ihren Gedanken darüber. Eine Schönheitsoperation könnte nur Ihren Körper verändern, nicht jedoch Ihre negativen Gedanken. Deshalb werden einige süchtig nach weiteren Schönheitsoperationen, weil ihre negative Einstellung zu ihrem Körper immer noch etwas findet, was ihnen nicht gefällt.

Der amerikanische Schönheitschirurg Maxwell Maltz wunderte sich, warum etliche seiner PatientInnen nach der gelungenen Operation genauso unzufrieden waren wie zuvor. Ihm wurde klar, dass das Selbstbild seiner KundInnen bestimmte, ob sie sich schön oder hässlich fanden.

Besonders aufschlussreich war für ihn die Beratung eines Paars. Sie wollte sich operieren lassen, während Maltz fand, dass sie bereits ohne Eingriff gut aussah. Bei ihrem Begleiter stellte er dagegen eine Entstellung im Gesicht fest, die er ohne weiteres beseitigen konnte. Als er ihm eine Operation vorschlug, reagierte dieser empört: »Wieso? Mit mir ist alles in Ordnung.«

Eine schöne Frau verlangt eine kosmetische Operation, ein Mann mit einem deutlichen körperlichen Makel ist mit seinem Aussehen zufrieden: Das gab Maltz zu denken. Er entwickelte ein Programm zur Änderung des negativen Selbstbilds und veröffentlichte sehr erfolgreiche Bücher zu diesem Thema. Seine PatientInnen hatten eine neue Einstellung zu sich oft nötiger als ein anderes Aussehen.

Wie denken Sie über Ihren Körper und Ihr Aussehen?
Finden Sie sich schön?
Falls nein, warum nicht?
Wer hat Ihnen das eingeredet?
Die schlechte Meinung, die man über seine äußere Erschei-

nung hat, ist oft so fest zementiert, dass jeder Versuch von FreundInnen, einen vom Gegenteil zu überzeugen, scheitert. Man glaubt ihnen nicht. Vielleicht unterstellt man ihnen sogar zu lügen, um einen aufzuheitern.
Nur man selbst kann eine bessere Einstellung zu seinem Körper und zum Aussehen entwickeln. Dazu muss man sich die negativen Gedanken bewusst machen, sie anzweifeln (»Könnte es sein, dass das überhaupt nicht stimmt, was ich da glaube?«) und durch Ideen ersetzen, die der Wirklichkeit besser entsprechen.
Schönheit ist mehr als das Aussehen. Ich erinnere mich zum Beispiel an einen jungen Studenten, der nach einer Vorlesung vor die ZuhörerInnen trat, um noch eine Information weiterzugeben. Nach den üblichen Maßstäben war er nicht schön. Aber das spielte keine Rolle; denn er hatte eine unbefangene Art, die ihn ganz offensichtlich bei mir und anderen beliebt machte.

59. Wodurch genau entsteht Stress?

Zwei Ursachen sind hauptsächlich für Stress verantwortlich. Über beide haben wir die Kontrolle:

1. Stressgedanken
Wir überreagieren auf viele Dinge. Wir machen aus Mücken Elefanten, aus Elefanten Dinosaurier und aus Dinosauriern Monster. Ein Beispiel: Unsere Liebste/unser Liebster ruft einen Tag lang nicht an, und schon glauben wir, er/sie liebe uns nicht mehr.
Wir bauen zu viel Druck auf. Den ganzen lieben langen Tag meinen wir, alles Mögliche tun zu müssen. Betonung auf *müssen*. Wir müssen morgens aufstehen, duschen, zur Arbeit gehen. Wir müssen gute Leistungen erbringen, nett und freundlich sein und nach der Arbeit noch mit dem Auto in die Werkstatt oder einkaufen fahren. Am Abend müssen wir Freunde treffen, den Krimi sehen und dann ins Bett gehen. Zwischen dem Morgen und dem Abend müssen wir noch zehntausend weitere Dinge erledigen. Sonst geht die Welt unter. Mindestens.
Damit nicht genug: Von den anderen verlangen wir, dass sie genau das tun, was wir von ihnen erwarten. Und wehe, wenn nicht. Die KollegInnen sollen kooperativ und freundlich sein. Die Kinder sollen sich so verhalten, wie wir es uns vorstellen. Unsere Freunde sollen uns verstehen. Die PartnerIn soll uns bedingungslos lieben. Und so weiter, und so fort.
Mehr noch: Die ganze Welt muss unseren Wünschen entsprechen. Sonst können wir das nicht aushalten. Es wäre zu schrecklich. Alle Ampeln müssen auf Grün stehen. Das Wetter soll schön sein. Das Auto muss funktionieren. Die Geräte im Haushalt dürfen nicht kaputtgehen, schon gar nicht zum falschen Zeitpunkt. Müssen und Sollen ohne Ende.

2. Chronische Anspannung

Die Überreaktionen und der ständige Druck führen zu körperlichen Verspannungen. Das beginnt ganz mild, nimmt aber mit der Zeit zu, bis wir schließlich starke Schmerzen im Rücken, tiefe Sorgen- und Zornesfalten im Gesicht sowie heftige Herzbeschwerden haben.

Auf die körperlichen Probleme reagieren wir mit zusätzlichen Stressgedanken. Diese verstärken die Anspannung. Der Teufelskreis ist in vollem Gang.

Vieles von dem muss nicht sein. Wir können das verkrampfte Denken entspannen sowie die Körperanspannung loslassen.

60. Sie sagen, Gelassenheit beginnt im Kopf. Was heißt das?

Diese Aussage bezieht sich auf die Stressgedanken, mit denen wir Ängste, Pessimismus, Ärger, Neid, Eifersucht und so weiter hervorrufen. Wir fühlen und handeln so, wie wir denken. Jedem Gefühl und jeder Handlung geht ein Gedanke voraus. Ohne das Denken bleiben nur die wenigen unwillkürlichen Reflexe übrig.

Sehr viele Menschen sind sich dieses Zusammenhangs nicht wirklich bewusst. Sie sind im Gegenteil davon überzeugt, dass sie den Umständen und ihren Emotionen ausgeliefert sind. Sie führen sie auf die sie umgebenden Menschen und Ereignisse zurück.

Das ist sogar verständlich, weil die meisten nicht gelernt haben, ihre Innenwelt richtig kennenzulernen. Vor Jahrhunderten herrschte große Unwissenheit darüber, wie die Außenwelt aussieht. Die Menschen auf den verschiedenen Kontinenten wussten nichts voneinander. Es war eine offene Frage, was sich hinter dem Horizont verbarg, ob man beispielsweise an den vermuteten äußeren Kanten von der Erdscheibe herabfallen würde.

Die Tier- und Pflanzenwelt war weitgehend unerforscht. Die Kirche verhinderte sämtliche Theorien, die der Bibel zu widersprechen schienen. Es war den Ärzten verboten, das Innere des Körpers zu untersuchen.

Bis in die jüngste Vergangenheit war die geistige Innenwelt den Menschen vollkommen rätselhaft. Sie nahmen an, dass Dämonen von ihr Besitz ergreifen könnten. Priester veranstalteten Rituale, um die Teufel auszutreiben.

Sigmund Freud versuchte, Neurosen mit Analogien zur griechischen Sagenwelt zu erklären (Ödipuskomplex). Ferner verglichen er und andere den Menschen mit einer Maschine, in der verschiedene Teile wie das Ich, das Es und das Über-Ich auf nicht näher bekannte Weise Energien produzierten, die sich im Inneren aufstauen, aber sich auch explosionsartig entladen konnten. Aus dem Unterbewusstsein kamen angeblich Impulse. Sie waren, wenn überhaupt, nur sehr schwer zu beherrschen.

In Indien dagegen war die Kultur wesentlich weiter entwickelt. Zahlreiche Yogalehrer und Buddhisten hatten bereits vor 2500 Jahren genauere Kenntnisse darüber, wie der Körper, das Denken, Fühlen und Handeln zusammenspielten und wie man so damit umgehen konnte, dass das Leiden ein Ende hatte. Die Erforschung der Innenwelt interessierte sie mehr als die Beherrschung der Außenwelt.

Seit einigen Jahrzehnten macht die Entwicklung des Bewusstseins in der westlichen Welt Fortschritte. Der einseitige Materialismus wird langsam überwunden. Immer mehr Menschen sind bereit, ihre Psyche kennenzulernen und alte Vorurteile aufzugeben. Die Zeit ist reif, zu erkennen, dass das Glück, die Gelassenheit und die Liebe im Inneren zu finden sind.

61. Was sind irrationale Gedanken?

Statt »irrational« könnte man auch »unvernünftig«, »selbstschädigend«, »ungesund«, »neurotisch« oder »wirklichkeitsfremd« sagen. Mit solchen Gedanken macht man sich das Leben unnötig schwer.
Mit den folgenden zwei Fragen lassen sich rationale von irrationalen Überlegungen unterscheiden:

1. Entsprechen meine Gedanken den Tatsachen?
2. Sind meine Gedanken hilfreich?

Hilfreich sind sie, wenn sie mich unterstützen,
a. mich so zu fühlen, wie ich möchte,
b. meine kurz- und langfristigen Ziele zu erreichen,
c. gute Beziehungen zu anderen Menschen herzustellen und aufrechtzuerhalten,
d. mein Leben und meine Gesundheit zu schützen.

Je mehr Ja-Antworten man darauf geben kann, desto rationaler, vernünftiger, nützlicher, gesünder und wirklichkeitsnäher sind die Gedanken.
Ist es beispielsweise rational, wenn man sich sagt: »Eine Zigarette ist an einer Pause das Schönste«?

- Tatsache ist, dass die Hälfte der RaucherInnen an den Folgen des Tabakkonsums stirbt. Dass eine Zigarette die Pause verschönert, ist nur eine Meinung.
- Das Rauchen mag dazu beitragen, sich kurzzeitig besser zu fühlen. Wenn das Wohlgefühl allerdings auf Alkohol, Zigaretten oder anderen Drogen beruht, ist das dahinterstehende Denken als irrational einzustufen.
- Alle langfristigen Ziele werden durch das Rauchen gefährdet; denn Tote kommen nicht an.

- Die Beziehungen zu anderen RaucherInnen werden vermutlich gefördert, zu NichtraucherInnen ist der Kontakt dagegen gestört.
- Rauchen ist gesundheitsschädlich und in der Hälfte der Fälle tödlich.

In Deutschland raucht immer noch ein Drittel der Erwachsenen. Das sind schätzungsweise zwanzig Millionen Menschen. Dieses Verhalten ist in hohem Maß irrational.

62. Wie viele Stressgedanken gibt es?

Unendlich viele, aber zum Glück sind darunter einige »Klassiker«, so dass man auf ein rundes Dutzend typische Denkfehler kommt, die Stress auslösen. Zu den häufigsten gehören diese:

- *Eine schlechte Zukunft voraussagen:* Man erhält die Kündigung und denkt: »Jetzt ist alles aus. Ich werde nie wieder einen Job finden. Meine Familie wird mich verlassen. Ich werde unter einer Brücke enden.«
- *Gedanken lesen:* Ein Nachbar grüßt nicht. Man nimmt an, dass er einen nicht mag.
- *Übertreiben:* Das Auto hat einen kleinen Kratzer am Heck. Damit steht fest: »Der Wagen ist ruiniert.«
- *Unangemessene Verallgemeinerung:* In den Nachrichten wird über einen arabischen Hassprediger berichtet. Anschließend ist man überzeugt, dass alle Moslems radikale Fanatiker sind.
- *Etikettierung:* Bezeichnungen wie »Hassprediger«, »Verbrecher« oder »Heiliger« sind unzulässige Verkürzungen der zahlreichen Facetten, die einen Menschen ausmachen. Jeder weist so verschiedene Aktivitäten, Eigenschaften und Beziehungen auf, dass die Reduzierung auf eine einzige ein wirklichkeitsfremdes Bild erzeugt.
- *Müssen, sollen, nicht dürfen:* Dies ist der Klassiker unter den Klassikern der Stress hervorrufenden Gedanken; Beispiele: »Ich muss erfolgreich sein«, »Ich darf mir keine Fehler leisten«, »Die Welt sollte so sein, wie ich es will« ...

63. Wie geht man am besten mit irrationalen Gedanken um?

Drei Schritte sind notwendig:

1. Sich die Gedanken bewusst machen
Das heißt, nicht nur die Situation und die Gefühle wahrnehmen, sondern auch die Phantasien und Ideen, die einem durch den Kopf gehen, wenn etwas »Stressiges« passiert. Oft geht unsere Vorstellungskraft mit uns durch. Ohne es richtig zu registrieren, machen wir aus Ereignissen Dramen und versetzen uns so in große Unruhe.
Beispiel: Ich beobachte, wie ein Fahrradfahrer von einem Auto erfasst wird, und merke, dass ich mich sehr aufrege. Was stelle ich mir vor? Was denke ich über den Unfall? »Der Radfahrer ist schwer verletzt.« – »Er wird sterben.« – »Die Autofahrer sind rücksichtslos.«

2. Die Gedanken in Frage stellen und mögliche Denkfehler erkennen
Beispiel: »Ist der Radfahrer wirklich schwer verletzt?« – »Kann ich mir sicher sein, dass er sterben wird?« – »Stimmt es, dass alle Autofahrer rücksichtslos sind?«
Ich stelle fest, dass ich vorschnelle Schlüsse ziehe, dem Radfahrer eine schlechte Zukunft voraussage und unzulässig verallgemeinere.

3. Alternative Gedanken finden
Beispiel: »Der Radfahrer liegt auf dem Boden, aber ich weiß nicht, ob er (schwer) verletzt oder tot ist. Bei einer Verletzung ist es möglich, dass er wieder gesund wird. Ein Unfallarzt wird sich gleich um ihn kümmern. Es kann sein, dass die Ampel für den Radfahrer schon auf Rot stand. Das habe ich nicht genau gesehen. Jedenfalls scheint dieser Autofahrer nicht rücksichtslos zu sein; denn er leistet erste Hilfe.«

Wenn ich so denke, reagiere ich auf die Tatsachen und nicht auf meine Phantasien. Ich bin um den Radfahrer besorgt, aber mache mir keine unnötigen Ängste. Autofahrer sehe ich realistischer, so dass ich meinen Ärger in Grenzen halte. Ich dramatisiere nicht sondern halte mich an die Fakten.

64. Was kann man sonst noch tun, um vernünftiger zu denken?

Glücklicherweise gibt es nicht nur eine Fülle möglicher Denkfehler, sondern auch eine Reihe von Methoden, die das rationale Denken unterstützen, unter anderem diese:

Die Beweise prüfen
Glauben Sie nicht alles, was Sie denken. Halten Sie ab und zu inne, um Ihre Gedanken auf Stichhaltigkeit zu überprüfen, insbesondere wenn Sie merken, dass Sie sich offensichtlich Stress machen. Fragen Sie sich:

- Stimmt das, was ich mir hier einrede?
- Sind es nur Vermutungen oder existieren Beweise?
- Was beweist, dass meine Überlegungen zutreffen?
- Was spricht dagegen?

Eine Umfrage starten
Diese Methode eignet sich vor allem, wenn Sie negative Mutmaßungen darüber anstellen, was andere über Sie denken. Falls Sie annehmen, Sie hätten bei der letzten Teamsitzung nur Blödsinn geredet, erkundigen Sie sich anschließend direkt bei den anderen TeilnehmerInnen, was diese für einen Eindruck von Ihren Vorschlägen gewonnen haben.

Ein Experiment machen
Manchmal glaubt man: »Das lohnt sich nicht.« Oder: »Das versuche ich erst gar nicht.« Probieren Sie es trotzdem aus. Vielleicht stellen Sie zu Ihrer eigenen Überraschung fest, dass Ihre negativen Erwartungen falsch waren.

Wie eine gute FreundIn mit sich reden
Klingt Ihr inneres Selbstgespräch ermutigend? Bauen Sie sich

nach Fehlern wieder auf? Finden Sie tröstende Worte, wenn Sie nach einer Abweisung mit sich selbst reden? Wann immer Ihre innere Kommunikation verständnis- und lieblos ist: Überlegen Sie sich, was eine gute FreundIn in dieser Situation zu Ihnen sagen würde.

Akzeptanz üben
Häufig entwickeln sich die Dinge anders, als wir gedacht haben. Für viele ist dies eine ständige Quelle des Stresses. Sie hadern mit ihrem Schicksal, jammern über Kleinigkeiten, beklagen, wie andere sich verhalten haben, und vieles mehr. Bis zu einem gewissen Grad ist das okay. Aber grundsätzlich ist es besser, die Tatsachen ohne Wenn und Aber zu akzeptieren. Was sich ändern lässt, kann man aktiv angehen. Den Rest, und das ist bestimmt nicht wenig, sollte man so schnell wie möglich einfach als gegeben hinnehmen.

65. Ich habe eine lebhafte Phantasie, die mich häufig erschreckt. Nachts habe ich Alpträume. Was kann ich dagegen tun?

Kaum ein anderes Lebewesen hat solche Probleme mit seiner Innenwelt wie der Mensch. Unser außergewöhnlich entwickeltes Großhirn beschert uns viele Vor- und Nachteile.
Erst einmal zu den Vorteilen. Ohne das spezielle menschliche Gehirn hätten wir es nicht so weit gebracht. Zahllose Tiere sind kräftiger, schneller und ausdauernder als wir. Sie haben scharfe Zähne und Krallen, produzieren mit ihrem Körper hochgiftige Substanzen, können behende klettern, elegant durchs Wasser gleiten oder sich in die Lüfte erheben. Diese Fähigkeiten hat der Mensch von Natur aus nicht.
Nur weil wir mit Hilfe unseres Gehirns so erfinderisch sind, können wir uns mächtige Werkzeuge schaffen, die uns den anderen Lebewesen insgesamt überlegen machen. Außerdem sind wir besser als andere in der Lage, Erinnerungen im Gedächtnis zu speichern und Pläne für die Zukunft zu schmieden. Kraft unserer Hirnleistungen besitzen wir eine unglaubliche Anpassungsfähigkeit, während die anderen Kreaturen durch ihre Instinkte und Reflexe auf ein bestimmtes Verhalten festgelegt sind.
Aber die Nachteile sind ebenso gewaltig. Aufgrund der Erinnerungen leiden wir noch unter Ereignissen, die Jahrzehnte zurückliegen. Der Mensch erfindet monströse Dinge wie Maschinengewehre und Atombomben. Abertausende planen in den »Verteidigungsministerien« (die einst zutreffender »Kriegsministerien« hießen) täglich die nächsten Gemetzel.
Abgesehen von solch kollektivem Wahnsinn schaffen wir uns unsere eigenen kleinen Höllen, indem wir tagsüber Angst, Ärger und Depression erregende Phantasien blühen lassen und nachts Alpträume hervorbringen.
Meist spiegeln die Nachtträume das Tagesgeschehen. Auch

aus diesem Grund sollte man den Tagesstress so weit wie möglich abbauen. Der Schlaf ist in der Folge erholsamer. Wer seine Phantasie mit blutrünstigen Thrillern in Form von Büchern, Filmen oder Computerspielen füttert, braucht sich über Alpträume nicht zu wundern.

Die irrationalen Tagträume kann man unterbrechen. Dadurch beeinflusst man die nächtlichen Träume positiv. Allerdings braucht dies Zeit und Übung. Bis dahin ist es am besten, den Schreckensphantasien und Alpträumen nicht so viel Beachtung zu schenken.

Falls Sie glauben, Träume enthielten Botschaften, versuchen Sie, diese zu verstehen, und erbitten Sie gleichzeitig sanftere Mitteilungsformen. TraumexpertInnen sagen, dass das Unbewusste darauf mit Rücksichtnahme reagiert.

66. Welche Rolle spielen innere Bilder und Vorstellungen, insbesondere solche über Katastrophen, bei der Entstehung von Stress?

Was ich in diesem Buch über Gedanken gesagt habe, gilt im Prinzip auch für bildhafte Vorstellungen. Das Denken vollzieht sich bei den einen mehr in Worten, Sätzen und Geschichten, bei den anderen überwiegen Bilder und Filme.
Sich die Gedanken bewusst zu machen bedeutet daher zweierlei. Erst einmal achtet man darauf, was man zu sich sagt, welche Geschichten man sich unaufhörlich erzählt. Im Inneren läuft ein ständiger Kommentar zu den äußeren Geschehnissen. Darüber hinaus widmet man den inneren Bildfolgen mehr Aufmerksamkeit.
Letztere zweifelt man auf dieselbe Weise an wie die übrigen Gedanken. Allein schon das Bewusstmachen des Kopfkinos verringert den Stress. Man wird sich nämlich darüber klar, dass man mehr auf seine eigenen Phantasien reagiert als auf die äußeren Ereignisse.
Vorhin erwähnte ich in einem Beispiel, wie jemand eine Kündigung erhält. Die anschließenden Gedanken, zu verarmen und einsam unter einer Brücke zu enden, spielen sich häufig in lebhaften inneren Bildern ab. Hier wird besonders anschaulich, dass der Entlassene weniger auf die Kündigung als vielmehr auf seine Phantasien mit Stress reagiert.
Dass diese Vorstellungen mit der Realität nicht viel gemeinsam haben, leuchtet sofort ein. Vielmehr malt sich die Person ihre Zukunft in den düstersten Farben aus. Niemand weiß, was geschehen wird. Deshalb ist es vorzuziehen, in der Gegenwart zu leben und alles zu tun, damit die Zukunft den positiven Erwartungen entspricht.

67. Ich mache mir große Sorgen um die Zukunft. Kann ich trotzdem Gelassenheit erreichen?

Sorgen um die Zukunft können berechtigt sein. Man kann sie nutzen, um voraussehbare Gefahren abzuwenden. Dann erfüllen die Sorgen einen Sinn. Sie fordern zum Handeln auf und sichern auf diese Weise das Überleben und Wohlergehen.
Anders dagegen bei unberechtigten Sorgen. Sie entspringen nur der Phantasie. In Wirklichkeit besteht keine Gefahr, oder sie wird maßlos übertrieben. Derartige Sorgen sind sinnlos. Sie stellen reine Zeitverschwendung dar, rauben einem die Energie und halten einen vom notwendigen Handeln in dringlichen Angelegenheiten ab.
Zunächst sollte man daher prüfen, ob die Sorgen berechtigt oder unberechtigt sind. Basieren sie auf Fakten, oder handelt es sich um Hirngespinste?
Da die Ängste sich auf die Zukunft beziehen, ist es wichtig, die Wahrscheinlichkeit zu beurteilen, mit der die vermuteten Gefahren eintreffen könnten. Die bloße Möglichkeit eines Schadens genügt nicht, um sich berechtigt Sorgen zu machen; denn möglich ist fast alles. Wer ein großes Vorstellungsvermögen besitzt, findet stets Wege, Gefahren zu konstruieren. Solche Selbsttäuschungen gilt es zu vermeiden.
Beispielsweise ist es denkbar, dass das Haus, in dem Sie wohnen, irgendwann einstürzt. Vielleicht wurde die Statik falsch berechnet, so dass die Wände die Deckenlast auf Dauer nicht tragen können. Gasleitungen könnten explodieren. Möglicherweise liegt unter der Erde im Bereich des Hauses eine Fliegerbombe aus dem Zweiten Weltkrieg. Wie gesagt, nur die Phantasie setzt den eingebildeten Gefahren Grenzen.
Flugzeuge können abstürzen. Das kann man nicht leugnen. Aber wie wahrscheinlich ist ein Absturz? Und wie groß ist die Wahrscheinlichkeit, dass ausgerechnet Sie in der Unglücksmaschine sitzen? Ausschließen lässt sich dieser extrem unwahr-

scheinliche Fall nur, indem Sie aufs Fliegen vollständig verzichten.

Schiffe sind nur im Hafen sicher, aber dafür sind sie nicht gemacht. Hinzufügen könnte man noch, dass durch Tsunamis auch schon Schiffe, die im Hafen lagen, zerstört wurden. Eine absolute Sicherheit gibt es nicht.

Gegen diese existenzielle Unsicherheit hilft nur Vertrauen. Nachdem man alles getan hat, was vernünftig ist, um die wahrscheinlichen und wichtigen Gefahren abzuwenden, braucht man die feste Erwartung, dass die Zukunft gut sein wird, egal, was passiert.

68. Täglich entnehme ich den Nachrichten neue Schreckensmeldungen, und Sie sagen, ich soll mich entspannen. Wie soll das gehen?

So, wie es grundsätzlich keine Stresssituationen gibt, gibt es auch keine Schreckensmeldungen. Nicht die Nachrichten an sich beunruhigen die Menschen, sondern ihre Meinung darüber. Man kann sich nicht der Ansicht verschließen, dass viele Medien die Tatsachen so kommentieren, dass die KonsumentInnen sich ängstigen sollen. Sensationen lassen sich besser verkaufen als eine neutrale, sachliche Berichterstattung.
Einige Meldungen sollten allerdings durchaus einen heilsamen Schrecken auslösen. Es sind nicht unbedingt diejenigen, die die größten Schlagzeilen auf der ersten Seite bekommen. Beispielsweise sind die Informationen über den sich abzeichnenden Klimawandel für das Überleben der Menschheit von entscheidender Bedeutung. Demgegenüber ist eine Meldung über den Verkauf von Gammelfleisch belanglos.
Im Übrigen tut man gut daran, sich durch die Medien nicht manipulieren zu lassen, sondern den Nachrichten auf den Grund zu gehen. Stimmt das überhaupt, was darin behauptet wird? Ist es vielleicht nur Propaganda? Durch das Internet haben die meisten heute die Möglichkeit, sich aus unabhängigen, kritischen Quellen zu informieren und die staatlichen beziehungsweise halbamtlichen Nachrichten zu ignorieren.
Die Vergangenheit hat wiederholt gezeigt, dass Nationen durch Lügen ihrer Regierungen in den Krieg getrieben wurden. Deshalb ist höchste Vorsicht geboten, wenn Hass gegen andere Völker und deren Staatsoberhäupter geschürt wird.
Stress braucht man sich deswegen keinen zu machen; denn mit einer entspannten, gelassenen Einstellung arbeitet das Gehirn besser. Die durch Ängste hervorgerufenen Scheuklappen fallen weg. Man kann Lügen leichter von der Wahrheit unterscheiden und Manipulationen schneller durchschauen.

Verlogene Regierungen, egal, ob sie eindeutig diktatorisch verfasst sind oder im Gewand einer (Schein-)Demokratie daherkommen, brauchen irrational denkende, verängstigte Gefolgsleute. Sie mögen keine gut informierten, die Wahrheit erkennenden BürgerInnen, die sich durch (Kriegs-)Propaganda und andere Falschmeldungen nicht mehr aus der Ruhe bringen lassen, sondern unbeirrt Frieden und Zusammenarbeit in der Welt fordern.

Wussten Sie, dass die NATO-Mitgliedsstaaten nach Angaben des Stockholmer Friedensforschungsinstituts SIPRI im Jahr 2013 1000 Milliarden (das ist eine Billion!) Dollar für Rüstung ausgegeben haben, China 188 Milliarden und Russland 88 Milliarden Dollar?

Das darf man ohne weiteres als Rüstungswahn bezeichnen. Dagegen helfen nicht Leugnung oder Lüge, wohl aber gelassenes und beharrliches Engagement für sofortige Abrüstung und weltweiten Frieden.

69. Ich hasse Menschen, die alles durch eine rosarote Brille sehen. Wollen Sie etwa, dass ich mir etwas vormache?

Hass ist immer Ausdruck irrationalen Denkens. Der Begründer der Rational-Emotiven Verhaltenstherapie, Albert Ellis, erwähnte mehrere irrationale Ideen, die psychische Störungen verursachen und aufrechterhalten. Darunter befindet sich folgende: »Die Idee, dass bestimmte Menschen böse, schlecht und schurkisch seien und für ihre Schlechtigkeit streng zu rügen und zu bestrafen seien.«

Wer Menschen hasst, die die Dinge durch eine rosarote Brille, das heißt optimistisch sehen, fühlt sich von diesen offensichtlich in seiner eigenen Weltsicht so bedroht, dass er keinen anderen Ausweg weiß, als die Optimisten leidenschaftlich abzulehnen.

Nehmen wir einmal an, es wäre vollkommen falsch, alles zuversichtlich zu betrachten. Dann wäre dies kein Grund, diese Menschen zu hassen. Man könnte sie für dumm oder naiv halten. Aber Andersdenkende so stark zu verurteilen und mit Hass zu verfolgen, entspringt dem höchst irrationalen »Müssen« und »Sollen«.

Dahinter steckt die Überlegung: »Niemand darf anderer Ansicht sein als ich. Wenn ich Optimismus ablehne, muss jeder das tun. Ich lasse so etwas nicht zu. Wenn jemand meinen unumstößlichen Gesetzen zuwiderhandelt, ist er ein übler Mensch, hassenswert und streng zu rügen.« So zu denken ist neurotisch. Irrationales Denken aber führt zu emotionalen Störungen wie Hass.

Die Frage, ob jemand lieber Optimist oder Pessimist, beides oder keines von beidem sein sollte, ist in diesem Zusammenhang zweitrangig. Vielen Menschen fällt es schwer, Ansichten zu tolerieren, die ihren eigenen widersprechen. Aber Intoleranz und Hass sind in jedem Fall unangemessene Reaktionen.

Wir brauchen mehr Verständnis und Liebe in dieser Welt. Von allem anderen gibt es mehr als genug. Nur mit Verständnis ist ein Dialog möglich. Dieser ist unumgänglich, um Standpunkte kennenzulernen und gegebenenfalls zu ändern. Vielleicht möchte man nach einem Gespräch über die gegensätzlichen Sichtweisen ja auch den eigenen Standpunkt revidieren. Allzu oft folgt auf mangelndes Verständnis Gewalt. Hass ist die Vorstufe davon. Liebe, man könnte auch sagen: Freundlichkeit, bringt dem anderen Respekt entgegen, egal, wie sein Standpunkt aussehen mag. Ich will nicht behaupten, dass es einfach ist, eine freundliche Haltung einzunehmen, wenn einem die Ansicht des Gegenübers nicht gefällt. Aber einer muss den Anfang machen. Eine tolerante, verständnisvolle Einstellung wird möglich, wenn man das diktatorische Befehlsdenken (MÜSSEN, SOLLEN, NICHT DÜRFEN) aufgibt.

70. Ich kämpfe mit Schuldgefühlen. Kann ich trotzdem gelassener werden?

Schuldgefühle entstehen, wenn man etwas falsch gemacht hat und sich deswegen Vorwürfe macht (»Wie konnte ich nur?«, »Das hätte mir nicht passieren dürfen«). Das Fehlverhalten allein genügt nicht. Viele missachten Regeln, ohne deswegen die geringsten Schuldgefühle zu bekommen. Erst die zweite Komponente, die Selbstvorwürfe, löst diese Emotion aus.
Schuldgefühle können angemessen oder unangemessen sein. Wem es leidtut, sich danebenbenommen zu haben, zeigt damit, dass er einen Sinn für bestimmte Regeln des Zusammenlebens hat. Das ist durchaus positiv zu sehen und ein Fortschritt gegenüber Leuten, die Rücksichtslosigkeit zum Maßstab ihres Handelns erkoren haben.
Wie alle Gefühle kann man allerdings auch Schuldgefühle übertreiben. Manche bewerten ihre Verfehlung schwerer, als sie ist, oder sie schätzen die Folgen für die Betroffenen zu hoch ein. Andere haben für sich zu viele Regeln aufgestellt, so dass sie ihnen kaum genügen können. Sie suchen fast schon Anlässe, um sich Vorwürfe zu machen.
Entweder sind diese Menschen zu streng erzogen worden, und sie haben die von den Eltern auferlegten Regeln nie in Frage gestellt; oder sie meinen aus anderen Gründen, mit sich besonders unnachsichtig sein zu müssen. Vor allem christliche und andere religiöse Gemeinschaften stellen oft einen Nährboden für übertriebene Schuldgefühle dar.
Um sich von Schuldgefühlen zu befreien, fängt man am besten damit an, die Regeln zu überprüfen, die man verletzt hat. Wer hat sie aufgestellt und warum? Sind sie noch sinnvoll? Was würde passieren, wenn es diese Regeln nicht gäbe?
Anschließend untersucht man die Gedanken, die man sich über sein Fehlverhalten macht. Entsprechen sie den Tatsachen? Enthalten sie Gedankenfehler? Besonders das »Muss-

Denken« ruft Schuldgefühle hervor (»Ich hätte ... müssen«, »Jeder sollte, aber ich habe ...«, »Man darf nicht ...«). Deshalb ist es wichtig, sich diese Gedanken bewusst zu machen. Sind sie wirklich hilfreich? Tragen sie dazu bei, sich wohl zu fühlen und seine Ziele zu erreichen?

Menschen sind fehlbar. Sie verstoßen gegen Regeln. Das ist bedauerlich, kommt aber vor. Sie machen Fehler, manchmal sogar schwere, die die Gesundheit und das Eigentum von anderen beschädigen. Es wäre besser, wenn es anders wäre, aber es ist nun einmal so, wie es ist.

Der beste Umgang mit Fehlverhalten besteht darin, sich aufrichtig zu entschuldigen, den Schaden so weit wie möglich wiedergutzumachen und aus dem Vorfall zu lernen, so dass er sich nicht wiederholt – und sich selbst zu verzeihen, dass man einen Fehler gemacht hat.

71. Ich fühle mich häufig schuldig, wenn etwas schiefgeht, selbst dann, wenn ich eigentlich nichts dafürkann. Gibt es hierfür eine Lösung?

Man vermeidet eine Menge Stress, wenn man sich in Gedanken nicht die gesamte Last der Verantwortung aufbürdet. In Wirklichkeit verteilt sie sich nämlich auf viele Schultern. Manchmal wird das nicht sofort deutlich.
Stellen Sie sich vor, eine Mutter hätte vergessen, ihrer volljährigen Tochter ein Konzertticket zu kaufen, obwohl es so verabredet war. Nun sind die Karten ausverkauft. Wer ist schuld daran, dass die Tochter ihre Lieblingsband nicht live hören kann? Einen Teil der Schuld trägt natürlich die Mutter. Aber die Tochter ist dafür verantwortlich, dass sie ihrer Mutter überhaupt den Kauf des Tickets überlassen hat. Sie hätte selbst dafür sorgen können.
Oder nehmen wir an, das Konzert war bereits ausverkauft, als die Mutter sich um eine Karte bemüht hat. Die Tochter ist untröstlich. Obwohl sie diesmal nichts dafürkann, dass es nicht geklappt hat, fühlt die Mutter sich schuldig, dass ihre Tochter so unglücklich ist.
Es passiert oft, dass Menschen sich für die Gefühle anderer verantwortlich fühlen. Aber ist das sinnvoll? Abgesehen davon, dass die Mutter in der zweiten Variante schuldlos ist, wäre sie nicht einmal in der ersten für die Gefühle ihrer Tochter zuständig. Es ist deren – vermutlich unbewusste – Entscheidung, ob sie sehr, ein bisschen oder gar nicht traurig sein will. Wie sie über das versäumte Konzert denkt, bestimmt, wie sie sich fühlt.
Die Tochter hat verschiedene Möglichkeiten. Sie kann sich einreden, dass eine solche Chance nie wieder kommt. Wählt sie diese Überlegung, ist es verständlich, dass sie sehr traurig ist. Sie könnte sich aber auch sagen, dass die meisten Bands regelmäßig auf Tournee gehen und sie sich dann eben das nächste

Konzert anhören wird. Dann wäre der Schmerz deutlich geringer. Oder sie besorgt sich zum Preis der Konzertkarte einige CDs. Davon hätte sie langfristig gesehen sogar mehr.

Von einigen Ausnahmen abgesehen, sind die meisten Menschen für ihr Denken, Fühlen und Handeln selbst verantwortlich. Diese Freiheit empfinden manche als unangenehm (was wiederum davon abhängt, wie sie darüber denken). Richtig betrachtet, ist sie ein großes Geschenk, weil man sich dadurch weitgehend von Stress befreien kann.

72. Mir setzen die vielen Verpflichtungen und Termine zu. Ich sehe aber keinen Ausweg. Sie?

Im Grunde genommen wissen die meisten, wie sie der Überforderung Einhalt gebieten könnten. Die Mittel dagegen sind seit langem bekannt.
Indem man Prioritäten setzt, wird die Liste der zu erledigenden Aufgaben überschaubar. Dafür braucht man kein kompliziertes Zeitmanagementsystem, sondern einfach einen dicken Filzstift, mit dem man die weniger wichtigen Termine vom Zettel streicht.
Aber genau da beginnt für viele schon das Problem. Was ist wichtig? Tückischerweise ist es ein sicheres Zeichen von Überlastung, dass man nicht mehr die Spreu vom Weizen unterscheiden kann. Wenn man an dem Punkt angekommen ist, wo der Geist vernebelt ist, ist das Wichtigste überhaupt, ihn zu klären.
Wie klärt man seinen Geist? Indem man ihn zur Ruhe kommen lässt. Dann klärt er sich von allein. Hinsetzen, Augen schließen, auf den Atem achten: Das ist bereits alles, was dafür nötig ist. Ein ruhiger Geist weiß, was wichtig ist und was nicht.
Zweites Problem: nicht nein sagen können. Nachdem man weiß, worauf es ankommt, ist man von einem entspannten Tagesablauf immer noch weit entfernt; denn man müsste sich trauen, nein zu sagen: zu sich selbst und zu anderen.
Mal ist es die Gier, dann wieder das schlechte Gewissen, das verhindert, zu den Prioritäten zu stehen. Man möchte ja nichts versäumen und es sich mit niemandem verderben.
Den Ausweg daraus kennen Sie bereits: Stellen Sie Ihre Gedanken in Frage, mit denen Sie sich ständig antreiben. Überzeugen Sie sich davon, dass es besser ist, nein zu sagen, als die Kontrolle über sein Leben zu verlieren.

Und dann beginnen Sie mit dem Punkt, der auf Ihrer Aufgabenliste ganz oben steht. Schieben Sie alles andere auf, nur nicht das Wichtigste.
Manchmal ist das Wichtigste eine Pause. Sie können nicht alles haben, aber Sie können alles haben, was Ihnen wichtig ist.

73. Was kann ich gegen meine Ängste vor Ablehnung und vor Versagen unternehmen?

Vielen ist gar nicht bewusst, dass sie Angst vor Ablehnung und Versagen haben. Sie merken allenfalls, dass sie sich wahnsinnig bemühen, bei möglichst allen beliebt zu sein, und nichts riskieren, was misslingen könnte.
Eine derartige Einstellung führt zu einer enormen Einschränkung der Freiheit. Es ist zwar bis zu einem gewissen Grad wünschenswert, dass andere einen mögen, aber wenn man glaubt, dass Ablehnung etwas ganz Schreckliches sei, sitzt man in der Falle.
Man ist zwanghaft bemüht, den Beifall seiner Umgebung zu erlangen. Bleibt dieser aus, ist man in heller Aufregung und wähnt sich in großer Gefahr. In der Frühzeit der Menschheit war jeder tatsächlich auf die Gruppe angewiesen, um zu überleben. Ausschluss bedeutete den fast sicheren Tod.
Die Zeiten haben sich jedoch geändert. Wir leben nicht mehr in der Steppe, in der Wüste oder im Eis. Heute ist es eher schwierig, einen Ort zu finden, wo keine Menschen sind. Wer es ernsthaft darauf anlegt, kann jederzeit Anschluss an zahllose Gruppen finden.
Kein Grund also, um die Anerkennung von allen zu buhlen. Realistisch betrachtet, ist es ausgeschlossen, bei jedermann beliebt oder auch nur akzeptiert zu sein. Überlegen Sie, ob Sie jeden Einzelnen mögen. Nein? Wieso sollten dann alle von Ihnen begeistert sein? Das übersteigerte Bemühen um Verständnis und Liebe ist daher irrational. Es ist auf ein unmögliches Ziel gerichtet. Angesichts dieser Tatsachen kann man anfangen, sich zu entspannen.
Mit der Angst vor Versagen verhält es sich ähnlich. Kennen Sie jemanden, dem stets alles gelingt? Ich nicht. Manche versuchen zwar, ein solches Image von sich aufzubauen, aber vergeblich. Früher oder später kommen ihre Misserfolge ans Licht.

Die erfolgreichsten Menschen sind die, die am meisten Ablehnung und Niederlagen aushalten. Wer das Risiko des Versagens scheut, bringt es nicht weit.

Hinter der Angst vor Zurückweisung und Fehlschlägen stehen oft »Muss-Gedanken« und eine zu niedrige Frustrationstoleranz: »Ich muss von allen geliebt werden. Sonst kann ich das nicht aushalten. Es wäre zu schrecklich.« – »Ich muss immer erfolgreich sein. Zu versagen ist furchtbar. Ich könnte es nicht ertragen.«

Wie sich solche irrationalen Überzeugungen anzweifeln und durch vernünftige ersetzen lassen, wissen Sie als aufmerksame LeserIn dieses Buchs natürlich längst.

74. Ich bin ein Moralist. Mir missfällt, was manche Menschen tun. Soll ich etwa meine Maßstäbe über Bord werfen, nur um gelassen zu bleiben?

Mir missfällt auch, was einige tun, aber ich bin dabei meist relativ entspannt. Missfallen löst keinen Stress aus. Erst wenn man dazu übergeht, andere zu verurteilen, und absolute Forderungen gegen diese erhebt, ist es um die innere Ruhe geschehen.

Die Frage offenbart ein starkes Alles-oder-nichts-Denken. Auf der einen Seite stehen unnachgiebige, starre Moralvorstellungen. Auf der anderen sehen wir nur vollkommene Gleichgültigkeit, die so empfunden wird, als würden alle Maßstäbe über Bord geworfen.

In Alles-oder-nichts-Kategorien zu denken ist ungesund. Zwischen den beiden Extremen fehlt die Mitte. Sämtliche Zwischentöne sind abhandengekommen. Emotional sind damit starke Schwankungen verbunden. Mal große Begeisterung (selten!) über Sittenstrenge, dann wieder (häufig!) maßlose Empörung über diejenigen, die den eigenen Moralvorstellungen zuwiderhandeln.

Dieses irrationale Denken aufzulockern ist für MoralistInnen nicht ganz einfach; denn sie sind zutiefst von ihren Ideen überzeugt. Zweifel daran sind ihnen fremd.

Hier helfen nur zwei Möglichkeiten:

1. *Die Moralvorstellungen überprüfen:* Sind diese zu rigide? Kann die Mehrheit der Menschen ihnen gerecht werden, oder schaffen das nur wenige? Ist man selber in der Lage, sie einzuhalten? Helfen sie einem, sich so zu fühlen, wie man möchte? Wie viel Stress verursachen sie?
2. *Mehr Toleranz entwickeln:* Falls man zu dem Ergebnis

kommt, dass die Moralvorstellungen vernünftig sind, stellt sich die Frage, ob man wirklich darauf bestehen will, dass jeder sie ausnahmslos einhält. In einer freiheitlichen Gesellschaft existieren viele Meinungen, Werte und Weltanschauungen nebeneinander.

Intoleranz ist nicht die Basis zur Gründung und Aufrechterhaltung einer Gemeinschaft. Sich auf die Einhaltung elementarer Grundregeln zu verständigen, reicht im Allgemeinen aus, um allen Raum für ihre Entwicklung zu lassen, und zwar nach ihren eigenen Ideen.

Eine Moral, die Gelassenheit ausklammert, ist einseitig.

75. Ich will bei allen beliebt sein. Der Gedanke, dass jemand schlecht über mich denkt, ist mir unerträglich. Wie werde ich diesen Stress los?

Diese Frage gibt mir Gelegenheit, meine Ausführungen zur Angst vor Ablehnung um einige grundsätzliche Bemerkungen zu erweitern.
Wir wären weniger gestresst, würden wir uns präziser ausdrücken. Eine ungenaue Sprache spiegelt Ungenauigkeiten im Denken. Der harmlose Satz »Ich will bei allen beliebt sein« hat keine starken Emotionen zur Folge. Warum sollte man sich diesen Wunsch versagen?
Gemeint ist jedoch etwas ganz anderes: »Ich *muss* bei allen beliebt sein.« Dazu passt die nächste Aussage: »Der Gedanke, dass jemand schlecht über mich denkt, ist mir unerträglich.« Nur Überlegungen, die ein Müssen oder Nicht-aushalten-Können beinhalten, führen zu Stress, in diesem Fall zu Angst vor Ablehnung.
Achten Sie deshalb genau darauf, ob Sie das, was Sie sagen, auch meinen. Benutzen Sie Worte wie »Ich möchte«, »Ich will«, »Ich wünsche mir«, während Sie in Wirklichkeit denken: »Ich muss«, »Ich verlange« oder »Ich fordere«?
Stimmen Sie mir zu, dass das Denken die Gefühle und das Verhalten bestimmt, oder sind Sie sich sicher, dass es so ist? Auf einer oberflächlichen Ebene ist eine große Mehrheit einverstanden, wenn ich erkläre, dass wir so fühlen, wie wir denken. Aber nur wenige denken so gründlich darüber nach, um wirklich davon überzeugt zu sein, dass ein direkter Zusammenhang zwischen Denken und Fühlen besteht.
Vielleicht sagen Sie: »*Eigentlich* leuchtet es mir ein, dass andere mir nicht vorschreiben können, wie ich mich fühle.« Aber was passiert, wenn Sie das nächste Mal gestresst sind? Glauben Sie dann immer noch, dass andere Sie nicht aus dem Gleichgewicht bringen können?

Und wie wollen Sie sich von dem entstandenen Stress wieder befreien? Ist Ihr erster Impuls, die äußeren Umstände und Ihre Mitmenschen zu ändern? Oder ziehen Sie auch in Erwägung, dass Sie sich Stressgedanken wie »Ich *muss* bei allen beliebt sein« machen?

76. Ich bin ein Erfolgsmensch. Jeder Misserfolg macht mir sehr zu schaffen. Nicht selten lüge ich sogar, um meine Niederlagen nicht eingestehen zu müssen. Gibt es auch für mich einen Weg zur Gelassenheit?

Die Angst vor Versagen ist weit verbreitet. Lassen Sie mich deshalb meine vorherigen Bemerkungen ergänzen.

Die Einstellung unserer Gesellschaft zu Fehlern und Misserfolgen scheint weltfremd zu sein. Die Wirklichkeit sieht anders aus. Erfolge und Misserfolge gehören zusammen. Richtig und Falsch bilden ein Paar.

Vollkommenheit ist in dieser Welt eine Illusion. Alles ändert sich. Von Sekunde zu Sekunde entsteht eine neue Realität. Manchmal sind die Veränderungen so geringfügig, dass wir sie erst nach Jahren oder Jahrzehnten bemerken, wenn sie sich aufsummiert haben.

Eine Welt, die in pausenloser Veränderung begriffen ist, kann nicht vollkommen sein. Sie ist ständig im Werden. Entsprechend ändern sich unsere Bewertungen. Aus Gut wird Schlecht und umgekehrt.

Ungeachtet dieser grundlegenden Tatsachen tun wir so, als könnten wir das Ungeliebte oder Verhasste ausmerzen. Wir stellen uns blind und blenden die Misserfolge aus, damit die Illusion eines Erfolgsmenschen entsteht. Auf dieselbe Weise kreieren wir Versager, obwohl es niemanden gibt, der auf der ganzen Linie erfolglos ist.

Nur um den Preis der Lüge oder Ignoranz entstehen Vollkommenheit und Erfolg. Wir schämen uns für unsere Niederlagen und fürchten uns, Fehler zu machen.

Es wurde schon oft gesagt, aber es wurde bisher nicht wirklich begriffen: Ohne Fehler ist lernen unmöglich. Wer sich weiterentwickeln will, braucht eine hohe Frustrationstoleranz, weil der Weg mit zahlreichen Irrtümern und Fehlschlägen gepflastert ist.

Der amerikanische Hochschullehrer und Unternehmensberater W. Edwards Deming etablierte nach dem Zweiten Weltkrieg in Japan ein System, das »Kaizen« genannt wurde. Die japanische Industrie lag am Boden. Die Mittel waren begrenzt. In dieser Situation, die optimales Wirtschaften ausschloss, erkannte Deming, dass nur die Kunst des Möglichen sowie die Philosophie ständiger Verbesserung (Kaizen) einen Wiederaufbau ermöglichen konnte. Unvollkommenheit, Grenzen, Fehler und Misserfolge wurden genutzt, um die Wirtschaft zu entwickeln.

Wenn Sie die hier skizzierte Einstellung verinnerlichen, wird Ihre Angst vor dem Versagen einem entspannten Umgang mit den Kehrseiten des Erfolgs weichen.

77. Könnte mir Meditation helfen, mich mehr zu entspannen?

Meditation hat zwei Vorteile:

1. Sie schult die Fähigkeit reinen Beobachtens. Dadurch entsteht eine Distanz zu den eigenen Gedanken, Gefühlen, Handlungen und Körperempfindungen, die sehr wohltuend sein kann, weil man sonst die meiste Zeit keinerlei Abstand zu sich hat, sondern sich mit den inneren Vorgängen voll identifiziert.
Die Vergänglichkeit der Dinge wird direkt erfahren. Gedanken und Gefühle kommen und gehen. Man atmet ein und wieder aus. Wenn man sich dies gründlich klarmacht, hört man auf, sich an die Beständigkeit zu klammern, und wird offener für Veränderungen. Man beginnt diese stärker zu akzeptieren.
2. Meditation entspannt sowohl den Körper als auch den Geist. Dies geschieht zum Teil automatisch, zum Teil dadurch, dass man sich nicht mehr gegen den Wandel wehrt. Insofern ist Meditation eine wertvolle Hilfe, um gelassener zu werden.

Sie hat aber auch ihre Grenzen. Am besten hat diese der amerikanische Meditationslehrer Jack Kornfield in seinem Buch »Erleuchtung finden in einer lauten Welt« beschrieben. Das Kapitel »Auch der vollkommenste Meditierende trägt an alten Wunden« empfehle ich dringend jedem, der an Meditation ernsthaft interessiert ist.
Kornfield macht kein Hehl daraus, dass Meditation oft benutzt wird, um sich vor den inneren und äußeren Problemen zu verstecken. In diesem Zusammenhang spricht er von einer »spirituellen Umgehungsstraße«.
Auch Meditationslehrer seien nicht frei davon. Schon in frühe-

ren Büchern hatte er auf deren Schwierigkeiten im Umgang mit Sex, Macht und Geld hingewiesen. »Offensichtlich liegt hier etwas im Argen«, sagt Kornfield, um dann fortzufahren: »Für die meisten Menschen ist Meditation kein Allheilmittel.« Achtsamkeit funktioniere nur, wenn man sie auf jeden Aspekt des Daseins richtet.

Kornfields Erkenntnisse überraschen nicht; denn schon der Buddha hatte herausgefunden, dass Meditation ihn vom Leiden nicht vollständig befreite. Er verließ enttäuscht zwei Meditationslehrer, die ihn in die Methode eingeführt hatten.

Meditation fördert zwar die Beobachtungsfähigkeit und die Entspannung, aber sie verändert nichts. Sie kann jedoch Veränderungen vorbereiten. Mit Hilfe der erhöhten Achtsamkeit wird es möglich, Stressgedanken zu entdecken und durch gelassenere Überlegungen zu ersetzen. Ohne diesen zweiten Schritt bleibt die Wirkung der Meditation begrenzt. Erst das Umdenken beendet den Stress.

Stellen Sie sich vor, Sie hätten einen Stein im Schuh. Solange Sie den Schmerz beobachten, dauert er an. Mit Achtsamkeit allein kommen Sie nicht weiter. Irgendwann müssen Sie den verdammten Stein entfernen.

78. Was Sie sagen, mag für kleinere Probleme zutreffen. Aber was gilt für die schweren Fälle?

Ich liebe diesen Einwand; denn er gibt mir Gelegenheit, auf die Entstehungsgeschichte der Kognitiven Therapie hinzuweisen.
Nachdem die ersten amerikanischen PsychotherapeutInnen festgestellt hatten, dass die Psychoanalyse nach Freud bei der Behandlung von Neurosen weitgehend wirkungslos blieb, machten sie sich auf die Suche nach Alternativen. In der Philosophie, aber auch in Selbsthilfe-Ratgebern wurden sie fündig.
Der stoische Lehrsatz, dass nicht die Dinge die Menschen beunruhigen, sondern die Meinung über die Dinge, war der Grundstein der Kognitiven Therapie. Albert Ellis und kurz nach ihm Aaron T. Beck sagten übereinstimmend: Man fühlt und handelt, wie man denkt.
Als sie ihre PatientInnen gezielt auf Denkfehler hinwiesen und ihnen halfen, diese zu korrigieren, machten die Leidenden schnelle Fortschritte.
Insbesondere Beck untersuchte die neue Methode mit wissenschaftlichen Mitteln. Unter den Testpersonen befanden sich viele schwer Depressive. Sie konnten sich, oft in wenigen Stunden, von ihren Problemen befreien. Die Wirksamkeit der Kognitiven Therapie war mit der von Medikamenten vergleichbar, teilweise übertraf sie die Psychopharmaka sogar, vor allem was die langfristige Wirkung anbelangte.
Später wurde die Kognitive Therapie mit denselben Erfolgen auch bei Ängsten und Panikattacken angewandt. Immer weitere Anwendungsgebiete kamen hinzu.
Trotz ihrer Wirksamkeit auch bei schweren Fällen hat es die Methode nicht leicht, sich gegen die mächtige Pharmaindustrie durchzusetzen. In Deutschland war die Psychotherapie durch den Zweiten Weltkrieg ohnehin um Jahrzehnte zurück-

geworfen. Sie findet erst langsam Anschluss an die neuere Entwicklung. Aber es tut sich in jüngster Zeit auf diesem Gebiet etwas.

Ob das kognitive Modell auch für Extremsituationen gilt, müssen wir an dieser Stelle nicht entscheiden. Der Alltag ist nicht extrem. Hier hat man es nicht mit Folter und Krieg oder den beliebten Säbelzahntigern zu tun. Das alltägliche Geschehen wird vielmehr von schwierigen Vorgesetzten und KollegInnen bestimmt. Hier fordern einen die PartnerIn, die Kinder sowie die weitere Familie heraus. Man muss sich mit rücksichtslosen Autofahrern oder lauten NachbarInnen auseinandersetzen.

In all diesen Fällen hat es sich bewährt, Stressgedanken loszulassen.

79. Ich leide unter Panikattacken. Wie werde ich die los? Ich habe schon alles Mögliche versucht, aber vergeblich.

Gegen Ängste und Panik kommen die unterschiedlichsten Mittel zum Einsatz: homöopathische Kügelchen, Notfalltropfen aus der Bachblüten-Therapie, Edelsteine oder Langstreckenläufe. Aber auch Bier, Wodka, Kräuterliköre, Haschisch und Marihuana gelten als bewährte Hausmittel gegen Stress.
Nicht zu vergessen: reichliches Essen von süßen und fetthaltigen Speisen. Sie machen, in großen Mengen verzehrt, müde und geben den strapazierten Nerven ein bisschen Ruhe. Die von den Rolling Stones besungenen »mother's little helper«, das sind die ärztlich verschriebenen Beruhigungspillen.
Leider helfen diese Mittel entweder nicht, oder sie haben bedenkliche Nebenwirkungen.
Dasselbe trifft auf viele Psychotherapien zu. Sie können bei unsachgemäßer Anwendung die Symptome sogar noch verschlimmern. Ihr größter Nachteil ist jedoch, dass die meisten ohnehin nicht bereit sind, zu einem »Seelenklempner« zu gehen.
Aus all diesen Gründen leben Millionen Menschen jahrzehntelang mit ihren kleinen und großen Ängsten. Manchmal ist ihr Arbeits- und Privatleben dadurch schwer gestört, sei es, dass berufliche Tätigkeiten, die Flugreisen beinhalten, von vornherein ausscheiden, dass die Furcht vor dem Halten einer öffentlichen Rede eine Karriere unmöglich macht oder dass das Eingehen einer Partnerschaft als zu gefährlich erscheint.
Diese Folgen stehen in keinem Verhältnis zu ihrer Ursache: harmlosen Gefühlen. Sie können zwar sehr unangenehm sein (ich weiß das aus eigener Erfahrung), aber das ist auch alles. Niemand stirbt durch Angst oder Panik.
Deshalb besteht der erste Schritt zu ihrer Überwindung darin, keine Angst vor der Angst zu haben. Panik dient dazu, uns zu

befähigen, vor großen Gefahren davonzulaufen, also Kräfte freizusetzen. Ihr Sinn ist es nicht, uns umzubringen. Angst und Panik gehören zur Standardausrüstung jedes Menschen. Das eigentliche Problem ist der häufige Fehlalarm. Kraft unserer Phantasie bilden wir uns eine Menge Gefahren ein. Wir reagieren auf unsere Vorstellungen häufig genauso stark wie auf reale Bedrohungen.

Man kann das Problem nur dort wirklich lösen, wo es entsteht, nämlich im Kopf. Machen Sie sich Ihre Gedanken bewusst. Prüfen Sie, ob wirklich eine Gefahr vorhanden ist oder ob Sie sich diese nur einbilden. Halten Sie sich an die Fakten – und vor allem: Tolerieren Sie Ihre Ängste. Lassen Sie sich von diesen nicht an einem erfüllten, glücklichen Leben hindern. Lernen Sie außerdem, sich körperlich zu entspannen. Entspannung für den Körper, Gelassenheit für den Geist: Das hält die stärkste Angst nicht aus.

80. Wie kann man Ärger und Aggressionen überwinden?

Warum ärgert man sich überhaupt? Sind es die anderen, die einem auf die Nerven gehen, oder bringt man sich selbst in Rage? Tatsächlich bietet einem die Umgebung Anlässe, sich aufzuregen, aber ob man dies letztendlich tut, bleibt jedem selbst überlassen.

Ärger ist eine mögliche Reaktion auf wirkliche oder eingebildete Angriffe. Diese können sich auf die Ehre, auf das Eigentum, auf moralische Grundsätze, letztlich auf alles richten, was man dem eigenen Bereich zurechnet.

Damit hängt Ärger von zahlreichen subjektiven Faktoren ab. Was betrachtet man als seinen eigenen Bereich? Was sieht man als Angriff an? Was kommt einem nur so vor? Je weiter man die Grenzen zieht, desto mehr potenzielle Reizpunkte entstehen für kleine und größere Aggressionen.

Wenn man glaubt, ein Recht auf freie Fahrt zu haben, ärgert man sich über jede rote Ampel, über jeden alten Menschen, der die Straße langsam überquert, und jeden Autofahrer, der einen nicht überholen lässt.

Nimmt man an, dass andere einen freundlich, zuvorkommend oder wenigstens fair behandeln müssten, regt man sich auf, wenn jemand gegen dieses Gebot verstößt.

Wer viele solcher absoluten Regeln aufstellt, sieht mehr Anlässe, vor Wut an die Decke zu gehen, als Tolerantere, die darauf verzichten.

Toleranz ist das beste Gegenmittel gegen Ärger und Aggressionen. Machen Sie Ihren Mitmenschen weniger Vorschriften. Das bedeutet nicht, dass Sie ihnen überhaupt keine Grenzen setzen dürfen. Aber halten Sie sich auch nicht für Gott. Stellen Sie nicht für alles und jeden strikte Gebote auf, die niemand verletzen darf, es sei denn, er wolle sich Ihren Zorn zuziehen.

Mit Hilfe von Ärger versuchen viele ihre Umwelt zu kontrollie-

Nicht "Polizist" spielen!

ren, wenn auch meistens vergeblich. Indem sie sich aufplustern, wollen sie die anderen einschüchtern. Diese sollen es zumindest das nächste Mal nicht wagen, sich ihren Anordnungen zu widersetzen. Damit spielen sich die Zornigen dieser Welt als kleine oder große Diktatoren auf.
Kontrolle braucht jeder bis zu einem gewissen Grad. Man sollte mit ihrer Ausübung jedoch vorsichtig sein. Übertreibt man es damit, scheinen plötzlich alle Ampeln auf Rot zu springen. Die Warteschlangen vor den Kassen im Supermarkt kommen einem immer länger vor. Die Mitmenschen wirken so, als wollten sie einen ständig provozieren.
In Wirklichkeit wird man lediglich mit der eigenen Intoleranz konfrontiert. Sobald man der Umwelt erlaubt, so zu sein, wie sie ist, nimmt der Ärger ab.

Toleranz => Beste Gegenmittel gegen Aggression + Ärger!!

81. Helfen gegen Depressionen nur Medikamente?

Wie Depressionen entstehen und zu behandeln sind, ist umstritten. Sicherlich bestehen verschiedene Möglichkeiten, Depressionen zu behandeln. Medikamente sind nicht der einzige Weg. Eine verantwortungsbewusste, erfahrene ÄrztIn wird ihre PatientInnen immer über alle vorhandenen Alternativen informieren.

Aber auch die Betroffenen selbst sollten ihr Recht auf umfassende Aufklärung über ihre Krankheit einschließlich der Behandlungsalternativen einfordern. Das Internet bietet hier wertvolle Hilfe, um den ÄrztInnen die richtigen Fragen stellen zu können und deren Antworten kritisch zu prüfen.

Ich sagte bereits, dass die Kognitive Verhaltenstherapie in der Depressionsforschung entwickelt worden ist. Sie hat sich in vielen Fällen als genauso wirksam oder sogar wirksamer erwiesen als Medikamente.

David Burns, ein amerikanischer Arzt und Psychiater, der sich auf die Behandlung von Depressionen spezialisiert hat, ist zugleich einer der hervorragendsten Vertreter der Kognitiven Verhaltenstherapie. Er kennt sich daher sowohl mit Antidepressiva als auch Psychotherapien bestens aus.

Er lehnt die medikamentöse Behandlung nicht ab, betont in seinen Büchern jedoch, dass selbst schwere Depressionen oft ohne Arzneimittel heilbar sind. Allein die Lektüre seines Buchs »Feeling good« habe zahlreichen Menschen geholfen, sich von ihrem Leiden zu befreien.

Nun könnte man meinen, hier betreibe jemand geschickte Eigenwerbung. Dem ist jedoch nicht so. In unabhängigen Studien wurde die Wirkung von psychotherapeutischer Behandlung allein mit Hilfe von Büchern, der sogenannten Bibliotherapie, untersucht. Die Ergebnisse sind beeindruckend.

Dass die Depression ausschließlich physiologische, also körperliche Gründe hat, ist selten. Viel häufiger liegen ihre Ursachen in ungesunden Formen des Denkens. Wenn Menschen sich selbst und ihre Umwelt überwiegend sehr negativ beurteilen sowie ihre Zukunft ständig in schwärzesten Farben malen, werden sie depressiv. Sie fühlen sich schlecht. Dies führt zu noch mehr negativen Gedanken.

Dieser Teufelskreis lässt sich aufbrechen, allerdings nicht durch Medikamente. Das geht nur durch ein psychologisches Training. So können die schwarzen Gedanken angezweifelt und durch gesündere ersetzt werden. Ein zusätzliches Übungsprogramm auf der Handlungsebene verbessert die Heilungschancen weiter.

> Wer Zukunft schwarz sieht
> → neigt zur Depression!

82. Meine Kinder gehen mir manchmal total auf die Nerven. Wie schaffe ich es, gelassen zu bleiben?

Alle großen Veränderungen sind geeignet, Stress auszulösen. Kinder stellen eine solche Veränderung im Leben der Eltern dar. Dieser Herausforderung zu begegnen ist verständlicherweise gelegentlich schwierig. Deshalb besteht der erste Schritt darin, dass man von sich nicht verlangt, pausenlos gelassen zu sein.

Letztlich gilt aber auch im Umgang mit Kindern, dass nicht sie einem auf die Nerven gehen, sondern die Gedanken, die man über das Verhalten der Kinder anstellt. Natürlich können diese eine Menge praktische Probleme kreieren. Das bedeutet aber nicht automatisch, dass man darauf mit Stressgedanken reagieren muss. Viele Probleme lassen sich mit der nötigen Gelassenheit sogar besser lösen.

Überlegen Sie sich, was Sie über Ihre Kinder denken. Eltern neigen wie alle Menschen dazu, absolute Forderungen zu erheben. Sie verlangen von ihrem Nachwuchs, dass er sich so zu verhalten habe, wie sie sich das vorstellen. Es gehört aber zu den Sonderrechten von Kindern, sich irrational aufzuführen. Schließlich müssen sie erst lernen, vernünftig zu sein.

Diesen Lernprozess können Sie günstig beeinflussen, wenn Sie möglichst entspannt mit Ihren Kindern umgehen, auch wenn diese etwas falsch machen. Ihre Sprösslinge übernehmen mit der Zeit automatisch das, was Sie ihnen vorleben. Auf längere Sicht wird sich eine gelassene Einstellung daher auszahlen.

Fragen Sie sich, ob es Ihnen hilft, wenn Sie ausrasten. Im Normalfall werden Sie feststellen, dass Sie damit nur Öl ins Feuer gießen. Kinder können mit Eltern, die die Nerven verlieren, nur schlecht umgehen. Die Situationen drohen zu eskalieren.

Weiter können Sie sich selbst unterstützen, indem Sie sich Zeit nehmen, sich zu entspannen. Ich weiß, dass genau das vielen

Eltern schwerfällt. Aber wie wollen Sie vernünftig auf Ihre Kinder reagieren, wenn Sie mit Ihren Nerven am Ende sind? Sie brauchen für sich und Ihre PartnerIn Freiräume, um sich zu erholen. Viele Eltern vertrauen ihre Kinder für einen Tag oder das Wochenende den Großeltern an oder FreundInnen, die ebenfalls Kinder haben.
Informieren Sie sich über Kindererziehung. Das mag banal klingen, aber Tatsache ist, dass erstaunlich viele Eltern hilflos sind, wenn es darum geht, die üblichen Probleme mit Kindern zu bewältigen. Das dafür notwendige Wissen ist entgegen einer verbreiteten Meinung nicht angeboren, also über Instinkte geregelt, sondern muss erworben werden.
Kinder richtig zu erziehen ist eine anspruchsvolle Aufgabe. Es macht keinen Sinn, zu hoffen, sich da irgendwie durchwursteln zu können.

83. Meine Arbeitslosigkeit belastet mich sehr. Was könnte mir helfen?

Arbeitslosigkeit ist eine Erfahrung, die jeder im Laufe seines Lebens macht. Spätestens mit dem Eintritt des Rentenalters hören die meisten auf zu arbeiten. Diese Phase gilt jedoch nicht als Arbeitslosigkeit. Ebenso sind Kinder und Jugendliche arbeitslos, wenn auch nicht ohne Beschäftigung. Von ihnen wird erwartet, dass sie zur Schule gehen und lernen.
Urlaub, Krankheit, Schwangerschaft und Elternzeit sind weitere Beispiele für Zeiten, in denen die Betroffenen nicht arbeiten. Diese Zeiten sind in der Regel nicht belastend. Im Gegenteil: Urlaub ist für viele die schönste Zeit des Jahres.
Warum ist dann Arbeitslosigkeit so oft mit Stress verbunden? Wie kommt es, dass einige Zeiten ohne Beschäftigung als angenehm und andere als unangenehm empfunden werden?
Am Geld allein kann es nicht liegen; denn Jugendliche oder RentnerInnen verfügen oft ebenfalls über keine hohen Einkommen.
Es sind wieder einmal die Gedanken, die den Stress auslösen. Viele Arbeitslose (nicht alle!) denken negativ über ihre Situation. Sie glauben, sie seien ohne Arbeit nichts wert. Ihre Zukunft erscheint ihnen düster. Sie fürchten die gesellschaftliche Ächtung.
Dazu kommen Veränderungen, auf die sie sich einstellen müssen, vor allem ein geringeres Einkommen, viel freie Zeit und der Verlust von Bindungen zu früheren ArbeitskollegInnen.
Wie der Vergleich mit Urlaub und Rentenalter zeigt, sind diese Veränderungen jedoch nicht ausschlaggebend für den Stress. Mit weniger Geld zu leben kann man lernen. Neue Beziehungen können aufgebaut werden. Freie Zeit wird im Urlaub und in den Ferien als Wohltat empfunden (jedoch nicht von allen!). Deshalb ist Arbeitslosigkeit erträglich, wenn es gelingt,

- das negative Denken darüber zu ändern,
- die freie Zeit sinnvoll auszufüllen (unter anderem damit, einen neuen Arbeitsplatz zu finden),
- sich mit Menschen zu umgeben, die die (vorübergehende oder dauerhafte) Arbeitslosigkeit akzeptieren,
- sich gegen negative Urteile seitens der Politik, der Presse und der Familie und Nachbarn abzuschirmen,
- mit einem geringen Einkommen zu leben,
- Hilfen anzunehmen und
- sich für die Rechte von Arbeitslosen einzusetzen.

Arbeitslosigkeit ist kein individuelles, sondern ein gesellschaftliches Problem. Durch den Einsatz von Maschinen und Computern sind Millionen Arbeitsplätze weggefallen. Die Politik hat darauf bis heute keine gute Antwort gefunden.

84. Ich habe die Tendenz, mich und andere sehr kritisch zu sehen. Wie könnte ich es schaffen, toleranter zu werden?

Die Welt ist unvollkommen. Die Menschen sind nicht perfekt. Das sind zwei Grundtatsachen, mit denen die allermeisten nicht besonders gut zurechtkommen. Wir wünschen uns, dass unsere Träume in Erfüllung gehen. Wir hoffen stets aufs Neue, dass die anderen angenehm und unkompliziert sind. Wer wäre nicht gerne irgendwann in seinem Leben Supermann oder Superfrau?
Leider ist es so, wie es ist. Einige Träume werden wahr, andere nicht. Manche Menschen sind freundlich und zuvorkommend, viele nicht. Wir selbst sind keine Supermänner und -frauen, sondern ganz normal, das heißt, wir machen Fehler und haben Macken. Pech! Das ist auf diesem Planeten so. Das Paradies kommt später, wenn überhaupt.
Ob Sie es »la condition humaine« oder »shit happens« nennen, es handelt sich einfach um die Bedingungen der menschlichen Existenz. Darauf gibt es zwei grundsätzliche Antworten:

1. Kritik und Stress
Man kann diesen Zustand beklagen. Viele tun das. Entscheidet man sich für diesen Weg, befindet man sich durchaus in guter Gesellschaft. Man wird nicht müde, sich und seine Mitmenschen, ja die ganze Welt, dafür zu verurteilen, dass es so ist, wie es ist.
Es ist allerdings ein langer, schmerzlicher Weg. Stress, Kummer und Verzweiflung, Zynismus und Verbitterung kennzeichnen ihn. Man kann dieser Haltung sogar künstlerischen Ausdruck verleihen. Dann schreibt man düstere, depressive Romane, schreit seinen Ärger auf der Theaterbühne ins Publikum, das begeistert Beifall klatscht, oder komponiert bedrückende, schwermütige Musik. Besser wird es dadurch nicht.

2. Toleranz und Gelassenheit

Das wäre die Alternative. Dieser Weg wird seltener gewählt. Vertrauen, Optimismus, Akzeptanz, Liebe, Wohlwollen, Freundschaft und Glück begleiten einen, wenn man sich entschließt, ihn zu beschreiten. Er ist nicht einfach, in gewisser Weise sogar schwerer als der andere; denn man bewegt sich nicht mehr auf der Hauptstraße. Vielmehr muss man sich diesen Weg am Anfang erst mühsam bahnen. Der Beifall bleibt aus. Neid tritt an seine Stelle.

Hier sind ein paar Orientierungspunkte, falls Sie es trotzdem versuchen wollen: Gestehen Sie sich und anderen Fehler und Eigenarten zu. Erlauben Sie der Welt, unvollkommen zu sein. Entspannen Sie sich. Geben Sie Ihr »Muss-Denken« auf (sowie die anderen Gedankenfehler, die ich beschrieben habe). Geben Sie sich und Ihren Mitmenschen Raum für positive Entwicklungen. Freuen Sie sich über die schönen Seiten des Lebens. Genießen Sie mehr.

85. Ich bin ein Versager. Das deprimiert mich. Wie komme ich da heraus?

Ändern Sie Ihr Denken.
Der Begriff »Versager« beschreibt keine Tatsache, sondern ist eine übertrieben verallgemeinernde Beurteilung, im Grunde sogar eine Verurteilung. Jemand kann versagen. Das passiert. Dadurch wird man jedoch nicht zum »Versager«. Es ist normal, dass einem bestimmte Dinge gelingen und andere nicht. Gerade am Anfang, wenn man etwas Neues ausprobiert, ist es üblich, zu versagen, bis man es schließlich doch schafft.
Ein Versager wäre eine Person, der nie irgendetwas gelingt. So etwas gibt es nicht. Allein der Umstand, dass man lebt, zeigt, dass man mehr richtig als falsch macht. Wer sich als »Versager« bezeichnet, ignoriert seine Erfolge. Es ist eine einseitige Sicht auf das gesamte Verhalten.
Aber mal angenommen, Sie wären tatsächlich ein Versager. Na und? Dürfen Sie etwa keiner sein? Weshalb meinen Sie, Erfolg haben zu müssen? Wo steht geschrieben, dass man nicht versagen darf? Hilft es Ihnen, so negativ über sich zu denken?
Noch etwas: Versagen Sie öfter. Dann erreichen Sie mehr. Wie bitte? Habe ich mich verhört? Öfter versagen, um erfolgreicher zu werden? Wie soll denn das gehen? Ganz einfach: Diejenigen mit den meisten Treffern sind zugleich die mit den meisten Niederlagen. Nur wer gar nichts versucht, bleibt ohne Misserfolge. Aber auch ohne jeden Erfolg. Ist das nicht das größte Versagen?
Es liegt in der Natur der Dinge, dass man nicht immer gewinnen kann.

86. Ich bin grundsätzlich pessimistisch. Manchmal stört mich das selbst. Kann ich es ändern?

Ja, es ist möglich, vom Pessimisten zum Optimisten zu werden. Schwarzseherei ist keine Charaktereigenschaft, sondern eine Denkweise. Das Denken ist änderbar.
Schauen wir uns das einmal genauer an: Pessimisten unterscheiden sich von Optimisten vor allem dadurch, wie sie sich Erfolge und Niederlagen erklären.
Misserfolge halten sie für beständig, weitreichend und ausschließlich selbstverschuldet. Es ist ziemlich deprimierend und gibt einem wenig Hoffnung für die Zukunft, wenn man glaubt, dass das Negative nicht vorübergeht. Noch schlimmer wird es, wenn man zusätzlich annimmt, dass die Folgen eines Missgeschicks sich auf alles andere auswirken. Übertreffen lässt sich dieser Standpunkt nur noch dadurch, dass man allein sich die Schuld an allem gibt. So zu denken ist wirklich bedrückend.
Erfolge werden genau andersherum beurteilt. Pessimisten sind überzeugt davon, dass sie nur ausnahmsweise dazu fähig sind. Wiederholungen halten sie nahezu für ausgeschlossen. Die Erfolge werden bald vergehen; und dann ist alles wie vorher, nämlich trübe. Sie vermuten vorschnell, dass die Konsequenzen einer Niederlage fatal sein werden. Nichts bleibt ihrer Ansicht nach davon unberührt. Außerdem glauben Pessimisten nicht, dass sie für positive Entwicklungen selbst verantwortlich sind. Es war einfach nur Glück, meinen sie, und das sei bekanntlich flüchtig.
Wenn Sie optimistischer werden wollen, müssen Sie Ihre Einstellung in diesen Punkten ändern, indem Sie das Negative für vorübergehend, nicht so schlimm und allenfalls mitverschuldet halten. Überzeugen Sie sich davon, dass das Positive relativ beständig ist. Nehmen Sie an, dass es wiederholbar ist, dass

das Glück zu Ihnen zurückkehrt, wenn es verschwindet. Sie haben es selbst weitgehend in der Hand, ob die Dinge sich günstig entwickeln oder nicht.

Falls Sie sich dazu nicht entschließen wollen, bleibt Ihnen noch eine andere Alternative: Akzeptieren Sie Ihren Pessimismus.

87. Aus Mücken mache ich Elefanten. Das heißt, ich übertreibe negative Ereignisse. Wie kann ich damit aufhören?

Sich bewusst zu werden, dass man im Begriff ist, einen Gedankenfehler zu begehen, ist der erste Schritt zur Veränderung. Selbst wenn die emotionalen Folgen dieses Fehlers bereits eingetreten sind, nämlich spürbarer Stress, ist es nicht zu spät, diesen Fehler zu korrigieren. Tut man dies regelmäßig, geht die Neigung, denselben Gedankenfehler zu wiederholen, deutlich zurück.

Aus Mücken Elefanten zu machen, das heißt, negative Ereignisse grenzenlos zu übertreiben, ist ein solcher Fehler. Er beruht darauf, dass man jegliches Maß verloren hat, ein negatives Geschehen richtig einzuordnen. Deshalb besteht ein geeignetes Gegenmittel darin, einen Maßstab zu finden, mit dessen Hilfe man Katastrophen oder das, was man dafür hält, zutreffend einschätzen kann.

Überlegen Sie sich, was das Schlimmste wäre, das Ihnen passieren könnte. Für manche wäre dies der Tod der Kinder oder die persönliche Invalidität, für andere der Verlust ihres Lebenswerks oder Verarmung und Obdachlosigkeit.

Messen Sie die alltäglichen Ärgernisse, Enttäuschung und Sorgen an dem für Sie Schlimmsten, und Sie werden feststellen, dass es sich mehr oder weniger um Lappalien handelt. Was ist schon ein Fleck auf der Bluse gegen eine vollständige Lähmung des Körpers?

Einer meiner Coaching-Klienten hatte Probleme mit einem ihm gleichgestellten Leiter einer anderen Abteilung. Dieser war – auch für die anderen KollegInnen im Unternehmen – im Umgang sehr schwierig. Er hatte die unangenehme Gewohnheit, Mitglieder des Teams vor allen anderen gnadenlos zu kritisieren, wenn er dafür einen Anlass sah. Dabei schreckte er nicht davor zurück, diese lautstark anzubrüllen.

Mein Klient fand die für ihn passende Lösung, indem er sich vorstellte, was das Schlimmste wäre, was er in der Zusammenarbeit mit diesem Abteilungsleiter erdulden müsste. Wenn dieser ihn schlagen würde, war seine Antwort. Dies aber würde garantiert nicht passieren, weil der Kollege dann seinen Job verlöre. Als er sich das klargemacht hatte, verschwand seine Angst vor einer Auseinandersetzung mit dieser Person für immer.

88. Manche sagen, Bewegung baue Stress ab. Stimmt das?

Das ist nur teilweise richtig. Wahr ist, dass Panik und Ärger Kräfte mobilisieren sollen, um vor einem Feind zu fliehen beziehungsweise um einen Angriff zurückzuschlagen. Insofern ist Bewegung genau der Zweck, der mit diesen Emotionen erfüllt werden soll.
Es trifft außerdem zu, dass Trauer und Depressionen durch ein Körpertraining positiv beeinflusst werden können. Solche lähmenden Gefühle lassen sich dadurch bis zu einem bestimmten Grad auflösen, weil die verlorengegangene Energie zurückkehrt.
Wenn jedoch die Stressgedanken, die das Problem ursprünglich verursacht haben, nicht verändert werden, ist die Wirkung eines Bewegungstrainings nur vorübergehend. Der Versuch, vor seinen Schwierigkeiten im buchstäblichen Sinn davonzulaufen, misslingt.
Nun ist es allerdings so, dass während der Fitnessübungen manchmal ein Umdenkungsprozess in Gang kommt. Während man durch den Park joggt, wird einem unter Umständen bewusst, dass man eine Situation übertrieben negativ beurteilt hat. Oder einem fällt ein, wie man seine Lage verbessern kann. Dadurch hellt sich die Stimmung auf.
Fälschlicherweise wird dieser Umschwung dem Lauftraining zugeschrieben, während es in Wirklichkeit das Umdenken war. Das Laufen kann dazu beitragen, dass die Gedanken leichter fließen.
Das allein hat jedoch nicht die gewünschte Wirkung; denn wenn die Überlegungen in die falsche Richtung fließen, kommt nichts Gutes dabei heraus.
Ohne eine Änderung der inneren Haltung bewirkt die Bewegung wenig. Da der Effekt des Laufens schnell verpufft, entsteht alsbald die Notwendigkeit, die nächste Runde zu drehen.

Am Ende kann man gar nicht so viel laufen, wie es anscheinend nötig wäre.
Bewegung wird dann zur Sucht. Man muss ständig die Dosis erhöhen, und man darf nie aufhören. Sonst holen einen die Gedanken ein. Wie bei anderen Süchten führt dieses Verhalten in eine körperliche Erschöpfung. Der Preis steigt und steigt. Das Laufen wird exzessiv. Was als Lösung erschien, ist selbst zum Problem geworden. Das Körpertraining ruft zusätzlich Stress hervor, anstatt ihn zu beseitigen. Die Gefahr eines Zusammenbruchs wächst.

89. Wie viel sollte man sich bewegen, um sich zu entspannen?

»Alle Dinge sind Gift, und nichts ist ohne Gift; allein die Dosis macht es, dass ein Ding kein Gift ist.« Dieser Satz des berühmten Arztes Paracelsus, wonach allein die Menge das Gift macht, gilt auch für Bewegung. Grundsätzlich ist sie weder gesund noch ungesund. Es kommt auf das richtige Maß an.
Dieses zu finden fällt den Menschen heute offensichtlich schwer. Während die meisten unter Bewegungsarmut leiden, weil sie fast alle Strecken mit dem Auto zurücklegen, läuft eine kleine, radikale Minderheit regelmäßig Marathon. Gesund ist beides nicht.
Bewegung entspannt den Körper nicht, sondern sie spannt ihn an. Trotzdem oder gerade deshalb brauchen wir sie. Unser Organismus funktioniert besser, wenn man mehr tut, als nur zu sitzen und zu liegen.
Wie viel Bewegung ein Mensch braucht, lässt sich allgemein nicht sagen. Normalerweise signalisiert einem der Körper, wo sich die Grenzen nach oben und unten befinden. Auf zu wenig Bewegung reagiert er mit Bewegungsdrang, auf zu viel zunächst mit Ermüdung und danach mit Schmerz.
Insofern bildet Bewegung keine Ausnahme. Auch beim Essen und Schlafen teilt einem der Körper das richtige Maß mit. Hunger bedeutet, dass er Nahrung benötigt, Völle, dass er genug hat. Durch Müdigkeit signalisiert der Leib, dass er ruhen oder schlafen möchte, durch Energie, dass er reaktionsbereit ist.
Leider haben viele verlernt, auf diese Signale zu hören. Sie suchen mit Hilfe von externen Informationen oder mit Messgeräten nach einer Antwort. ExpertInnen sollen ihnen sagen, wie viel sie von allem brauchen. Damit sind diese überfordert. Allenfalls ein paar Anhaltspunkte sind möglich:

- Für Stressabbau eignen sich sanfte, bewusst ausgeführte Bewegungen besser, als wenn man, abgelenkt von Musik, hart trainiert.
- Im Vordergrund sollte das Wohlbefinden stehen. Auf die falsche Dosis, im Sinne von Paracelsus Gift, reagiert der Körper mit Unwohlsein, Verkrampfung und Schmerzen. Die richtige Menge beantwortet er mit angenehmen Empfindungen. Wohlgefühl stellt sich ein.

Wenn es Ihnen um Gelassenheit und Entspannung geht anstatt um Leistung, hören Sie auf die inneren Signale. Sie weisen Ihnen den Weg.

90. Ich schlafe schlecht. Ist das die Ursache oder die Folge meines Stresses?

Die Frage erinnert an die nach der Henne und dem Ei. Was war zuerst da? Schlaflosigkeit kann viele Ursachen haben. Im Allgemeinen spiegelt der Schlaf jedoch die wachen Stunden. Ist man mit seinem Leben im Großen und Ganzen zufrieden, kann man mit einer angenehmen Nachtruhe rechnen. Erlebt man tagsüber viel Stress, wirkt sich das negativ auf den Schlaf aus. Er wird unruhig.
Wenn man sich in dieser Situation zusätzliche Sorgen wegen der Schlaflosigkeit macht, verschlimmert man die Lage weiter. Der Stress nimmt noch mehr zu, was wiederum Folgen für den Schlaf hat – und so weiter. Ein Teufelskreis entsteht.
Deshalb ist es nützlich, erst einmal anders über die Schlaflosigkeit zu denken. Sie ist unangenehm, aber nur selten dramatisch. Der Organismus ist in der Lage, damit fertigzuwerden. In der Regel holt er sich das unbedingte Minimum an Ruhe, das er braucht.
Wichtiger ist es, die hinter der Schlaflosigkeit steckenden Probleme zu lösen. Dafür sollte man einen Plan aufstellen und ihn konsequent, Schritt für Schritt, umsetzen.
Wie denkt man über seine Schwierigkeiten? Was geht einem durch den Kopf? Von den Gedanken, die man sich über seine aktuelle Lebenslage macht, hängt entscheidend ab, ob und wie viel Stress man spürt.
Machen Sie sich Ihre Beurteilung der Tatsachen bewusst und ändern Sie Ihre Einstellung zu den Problemen so, wie ich dies in diesem Buch mehrfach geschildert habe. Auf diese Weise können Sie Ihren Stress erheblich reduzieren. Ihr Schlaf wird sich verbessern.
Zusätzlich wäre es hilfreich, wenn Sie lernten, sich körperlich zu entspannen, beispielsweise mit Hilfe des Autogenen Trainings oder der Progressiven Muskelentspannung.

Auch Meditation könnte Ihnen über die Schlaflosigkeit hinweghelfen. Immer wenn Sie nicht schlafen können, nutzen Sie die Zeit, um zu meditieren. Dadurch können Sie Ihrem Körper sowie Ihrem Geist ebenfalls wertvolle Erholung schenken. Außerdem lernen Sie dabei, Ihre Probleme innerlich loszulassen.

91. Wie viel Schlaf braucht man, um für den Tag gerüstet zu sein?

Erinnern Sie sich, was ich über Bewegung gesagt habe? Dasselbe gilt in Bezug auf Schlaf. Die Menge entscheidet über Wohl und Wehe. Man kann zu viel, aber auch zu wenig schlafen. Beides ist auf Dauer abträglich.
Wie viel Schlaf der Mensch braucht, ist individuell verschieden. Das Schlafbedürfnis wechselt mit den Anstrengungen, die man tagsüber zu bewältigen hat. Jemand, der körperlich schwer arbeitet, wird müder sein als ein anderer, der den Tag überwiegend im Sessel sitzend verbringt. Das Alter spielt ebenfalls eine Rolle. Kinder brauchen bekanntlich mehr Schlaf als Erwachsene.
Der Körper sagt einem, wann er Schlaf braucht und wie viel. Er zeigt es mit Müdigkeit und abnehmender Energie an. Hat er sich erholt, fühlt man sich kraftvoll und unternehmungslustig. Manchmal sagen Leute, sie würden zu wenig Schlaf bekommen, ohne dass sie unter Energiemangel leiden. In diesem Fall haben sie offenbar falsche Ansichten über ihren Schlafbedarf. Jedenfalls signalisiert ihr Körper ihnen, dass er ausreichend erholt ist.
Im Prinzip stimmt es, dass man nachts schlafen und bei Tage aktiv sein sollte. Aber von dieser Regel gibt es Ausnahmen. Einige bevorzugen es, in der Nacht wach zu sein und tagsüber zu ruhen. Ich habe von einem Gitarristen gelesen, der noch im hohen Alter bis in die Nachtstunden Konzerte gab. Sein Beruf, den er mit Leib und Seele liebte, hatte ihm einen anderen Lebensrhythmus beschert, und es schadete ihm keineswegs.
KurzschläferInnen, die nur vier bis fünf Stunden im Bett verbringen, halten meistens im Laufe des Tages einige zusätzliche Nickerchen ab. Auch sie haben ihren besonderen Rhythmus gefunden.
Dass Menschen zu viel schlafen, dürfte selten sein. Weit ver-

breitet ist es dagegen, sich zu wenig nächtliche Erholung zu gönnen. Insbesondere in den westlichen Industrienationen leiden zahlreiche Personen unter Schlafmangel. Daher sind sie chronisch übermüdet.

Da sie sich an diesen unbefriedigenden Zustand gewöhnt haben, bemerken sie überhaupt nicht mehr, dass darin eine Quelle für Dauerstress liegt. Schlafentzug gilt als eine Foltermethode. Es ist ein deutliches Alarmsignal, wenn Menschen sich das freiwillig antun.

92. Ich arbeite im Schichtdienst. Bin ich deshalb stärker gefährdet, was Stress angeht?

Schichtdienst stellt einen empfindlichen Eingriff in den Schlaf-wach-Rhythmus dar. Er belastet den Körper in besonderem Maß. Die natürliche Neigung, nachts einzuschlafen, auch wenn man wegen der Arbeit wach sein muss, erhöht das Risiko von Unfällen. Umgekehrt handelt es sich bei Tageslicht um einen biologischen Weckreiz. Deshalb fällt das Schlafen bei Tage schwer.
Darüber hinaus wirkt sich Schichtdienst fast immer auf die sozialen Beziehungen aus. Während man selbst endlich ins Bett kommt, stehen die anderen auf.
Ich erwähnte vorhin einen Gitarristen, der es gewohnt war, um Mitternacht Konzerte zu geben, und damit ein Leben lang bestens zurechtkam. Seine Tätigkeit ist aber sehr untypisch. Im Künstlermilieu machen viele die Nacht zum Tag, so dass kein Mangel an sozialen Kontakten besteht. Außerdem war er in seinen Beruf verliebt, was außergewöhnlich ist. Er trat freiwillig zu später Stunde auf, was einen großen Unterschied zu denen darstellt, die in die Nachtschicht eingeteilt werden.
Viele gehen ihrem Job nur nach, um Geld zu verdienen. Wenn dann noch ungünstige Arbeitsbedingungen hinzukommen, summieren sich die Belastungen. Darüber hinaus haben Musiker, die spätabends auftreten, immerhin die Chance, wenigstens einen Teil der Nacht schlafen zu können.
Halten wir fest: Schichtdienst bedeutet eine besondere Belastung für den Körper. Inwieweit er dies auch psychisch ist, hängt von weiteren Faktoren ab. Geht man der Arbeit gerne nach? Ist genug Zeit, die Familie und Freunde zu sehen? Lebt man, abgesehen vom Schichtdienst, gesund? Ist ein angemessener Ausgleich für die Nachtdienste möglich?
Da der Schichtdienst den Körper strapaziert, ist es umso wichtiger, sich im Übrigen wenig Stress zu machen. Sonst sollte man sich lieber eine Arbeit mit normalen Arbeitszeiten suchen.

93. Haben bestimmte Nahrungsmittel Einfluss auf das Stressniveau?

Nahrungsmittel beeinflussen in erster Linie den Körper. Sie haben positive oder negative Folgen für den Kreislauf, die Verdauung und das Nervensystem. Die Gedanken kann das Essen und Trinken nicht unmittelbar ändern.
Unter Stress versteht man im Allgemeinen nicht bestimmte Körperempfindungen wie Herzklopfen oder Bauchweh, wie sie beispielsweise durch starken Kaffee beziehungsweise verdorbenes Essen ausgelöst werden. Gemeint sind vielmehr die belastenden Emotionen. Diese entstehen jedoch nicht durch Nahrungsmittel, sondern durch das Denken.
So könnte jemand, der zu viel Espresso getrunken hat, einen erhöhten Puls, eine beschleunigte Atmung und einen vermehrten Harndrang bekommen. Man könnte dies als »Stress« für den Körper bezeichnen. Ob sich der Betroffene allerdings emotional gestresst fühlt, hängt davon ab, wie er über die Körpersymptome denkt.
Nimmt derjenige an, der höhere Herzschlag sei gefährlich, wird er Angst empfinden. Wähnt er sich gar in Lebensgefahr, ist Panik die Folge. Ein anderer findet die gleichen körperlichen Erscheinungen vielleicht anregend und fühlt sich sehr wohl damit.
Selbst Alkohol, dem oft eine psychische Wirkung zugeschrieben wird, ist wohl kaum der Auslöser für Emotionen. Es wird behauptet, er mache aggressiv und enthemme. Gleichzeitig wird jedoch von fröhlichen Zechern gesprochen. Einige fangen im betrunkenen Zustand an zu weinen. Wie geht das zusammen?
Wenn derart unterschiedliche Gefühle auftreten, kann der Alkohol nicht ihre unmittelbare Ursache sein. Wir können annehmen, dass auch in diesem Fall die jeweiligen Gedanken zu den dazu passenden Emotionen führen.

Studien wie die folgende bestätigen diese Annahme: Die Testpersonen bekamen Wasser zu trinken. Ihnen wurde jedoch gesagt, es handele sich um Alkohol. Daraufhin zeigten sie Anzeichen von Trunkenheit. Umgekehrt gab man den Probanden Alkohol und nicht wie behauptet Wasser. Sie blieben nüchtern. Offenbar waren die Suggestionen in beiden Fällen stärker als die Wirkung des Getränks.

Angesichts solcher Befunde ist es problematisch, Stress auf Nahrungsmittel zurückzuführen.

94. Gibt es einen Zusammenhang zwischen Atmung und Entspannung?

Auf Stress reagiert der Körper heftig. Das Herz schlägt schneller. Das Blut wird von Magen und Darm abgezogen und vermehrt in die Muskulatur geschickt. Die Atmung beschleunigt sich. So steht mehr Sauerstoff zur Verfügung, um die für einen Kampf oder eine Flucht nötige Energie zu erzeugen.

An sich ist diese Reaktion sinnvoll. Allerdings nicht, wenn es sich um einen Fehlalarm handelt. Dann war der ganze Aufwand umsonst. Leider sind 99 Prozent der Stressreaktionen im Alltag überflüssig. Es gibt nichts zu kämpfen. Wir brauchen nicht zu fliehen.

In der großen Mehrzahl der Fälle reagieren wir auf unsere Einbildung und nicht auf die Tatsachen. Wir machen uns unnötig Sorgen und ärgern uns über Kleinigkeiten. Der Sturm fand im Wasserglas statt.

Zum Glück hat es die Natur so eingerichtet, dass unser Organismus nicht nur zu einer Stressreaktion, sondern auch zu einer Entspannungsreaktion fähig ist. Letztere sollten wir öfter in Gang setzen. Der Atmung kommt dabei eine Schlüsselstellung zu.

Eigentlich brauchen wir uns um das Atmen nicht zu kümmern. Es geschieht automatisch. (Wäre es anders, kämen die meisten in Not, weil sie fast pausenlos mit ihrem Smartphone beschäftigt sind.) Wir können allerdings auch ganz bewusst ein- und ausatmen und den Atem auf diese Weise nach Bedarf regulieren.

Diese Möglichkeit sollte man nutzen, wenn man sich beruhigen will. Im Prinzip braucht man dafür nicht mehr zu tun, als langsam und tief auszuatmen. Der Rest vollzieht sich genauso automatisch wie bei der Stressreaktion. Das Herz beginnt, langsamer zu schlagen. Die Muskeln entspannen sich. Magen und Darm arbeiten wieder normal.

Langsam und tief auszuatmen fühlt sich gut an. Die Schultern sinken nach unten. Die Verkrampfungen im Gesicht und im restlichen Körper lösen sich nach und nach auf. Wichtig ist, das Ausatmen so lange bewusst zu verlangsamen und zu vertiefen, bis man sich wieder vollkommen beruhigt hat. Das kann einige Minuten dauern.

Atmung
(langsam + tief)

⇩

Herz schlägt langsamer

⇩

Muskeln entspannen sich

⇩

Magen + Darm arbeiten wieder normal

⇩

Verkrampfung in Gesicht löst sich + Körper

95. Sollte ich bestimmte Dinge vermeiden, um gelassen zu bleiben?

Das kommt darauf an, worum es sich handelt. Sicherlich gibt es extreme Situationen, um die man lieber einen Bogen machen sollte. Wer braucht beispielsweise Kriege oder Naturkatastrophen? Wenn man diesen irgendwie ausweichen kann, ist man gut beraten, dies zu tun.
In Phasen der Erschöpfung, Krankheit oder Schwäche ist es ebenfalls vernünftig, sich Ruhe zu gönnen und alles, was zu einer Überforderung führen könnte, zu lassen.
Grundsätzlich sollte man aufpassen, was man zu sich nimmt. Das betrifft nicht nur Lebensmittel, die unverträglich sein können, sondern in gleicher Weise geistige Nahrung. Filme mit brutalen Szenen bekommen vielen nicht. Im Grunde genommen ist es pervers, sich zur Unterhaltung Morde und Folter anzuschauen. Wer danach schlecht schlafen kann, überlegt sich beim nächsten Mal besser, ob er sich diese Art Stress weiter antun will.
Im Übrigen wäre es jedoch falsch, zu vermeiden, was schwierig erscheint. Vor allem, wenn es einem hilft, selbstgesteckte, sinnvolle Ziele zu erreichen, sollte man Belastungen nicht unbedingt scheuen. Dabei bewegt man sich zwar aus seiner Komfortzone heraus, gleichzeitig wächst man jedoch an den Aufgaben.
Wie bei einem Muskeltraining wird man durch wohldosierte Anforderungen stärker. Wenn man sich hingegen in Watte packt, überfordert einen schon die geringste Belastung. Da das Leben niemandem Prüfungen erspart, ist es besser, sich diesen zu stellen, als ihnen auszuweichen.
Man sollte weniger die schwierigen Situationen vermeiden als vielmehr die Stressgedanken, die viele damit verbinden. Sie sind oft belastender als die eigentlichen Herausforderungen.

96. Bin ich als PerfektionistIn anfälliger für Stress?

An sich ist es nicht verkehrt, nach Vollkommenheit zu streben. Ob Sie deshalb anfälliger für Stress sind, hängt davon ab, ob Sie eine aufgeklärte oder eine unerleuchtete PerfektionistIn sind.
Wenn sich der Perfektionismus aus dem Denken speist, dass alles makellos sein MUSS, weil Sie sich mit weniger nicht abfinden können, werden Sie oft enttäuscht sein; denn die Welt ist nicht vollkommen. Sie kann es nicht sein, weil die Dinge sich ständig ändern.
Der Glaube, dass alles perfekt sein müsse, um ein glückliches Leben zu führen, ist irrational. Glück hat mit Perfektionismus wenig zu tun. Diese Tatsache beweisen unzählige Menschen, die – fernab von aller Makellosigkeit – zufrieden sind, so wie die Dinge sind.
Wir neigen fälschlicherweise dazu, anzunehmen, wir müssten erst die ideale Partnerschaft, die perfekte Karriere, das absolut sichere Einkommen und vieles mehr erreicht haben, bevor wir uns entspannen können. Dieser Irrglaube verursacht nie endenden Stress. Irgendetwas ist immer aus der Spur. Selbst wenn wir den Eindruck haben, dass alles stimmt, lässt das Chaos nicht lange auf sich warten.
Deshalb besteht die Aufgabe darin, in dieser sich stets verändernden Welt Zufriedenheit zu finden.
Aufgeklärte PerfektionistInnen wissen dies. Sie lieben es, sich und ihre Umgebung zu verbessern, aber sie bestehen nicht darauf, dass sich alle ihre Wünsche nach Vollkommenheit erfüllen.
Sie haben das Denken in Kategorien von »muss«, »sollte« und »darf auf keinen Fall« aufgegeben. Erleuchtete PerfektionistInnen haben ein sicheres Gespür für ideale Zustände. Wenn die Möglichkeit dazu gegeben ist, ziehen sie das Beste dem

Schlechteren vor. Diese Einstellung hindert sie jedoch nicht daran, sich zu entspannen, auch wenn nichts so ist, wie sie es sich vorstellen.

Um diese heitere Gelassenheit trotz der allgegenwärtigen Mängel und des regierenden Durcheinanders zu erlangen, haben geläuterte PerfektionistInnen gelernt, ihre absoluten Ansprüche durch Anpassungsfähigkeit zu ersetzen. Sie sind in der Lage, die Suppe zu genießen, auch wenn sie ein Haar darin finden.

97. »Alles oder nichts, ganz oder gar nicht«: Das ist mein Lebensmotto. Leider bin ich oft gestresst. Hängt das irgendwie zusammen?

Das Alles-oder-nichts-Denken ist ein Klassiker unter den Gedankenfehlern, die zu Stress führen. Manchmal wird es auch als Schwarz-Weiß-Denken bezeichnet. Typisch dafür ist, dass beim Betrachten von Sachverhalten wenig differenziert wird. Es gibt nur ein Entweder-oder.
Warum ist es irrational, so zu denken? Der Begriff »schwarzweiß« macht es bereits deutlich. Die Wirklichkeit besteht aus mehr Farben als nur zwei. Wie soll man Grautöne in ein Schema, das nur zwei Extreme kennt, einordnen? Gelb, Rot, Grün, Blau, Braun, Rosa und so weiter passen dort erst recht nicht hinein.
Bei Farben mag dies noch vergleichsweise folgenlos bleiben. Aber was passiert, wenn ein Mensch nur entweder Freunde oder Feinde sieht? Der Satz »Wer nicht für mich ist, ist gegen mich« hat bereits leichte Anklänge an Verfolgungswahn.
Das tatsächliche Geschehen ausschließlich als Sieg oder Niederlage, Profit oder Pleite, Wachstum oder Rezession wahrzunehmen bedeutet einen Realitätsverlust.
Warum entsteht dadurch Stress? Das Alles-oder-nichts-Denken spitzt die Dinge unnötig zu. Es verengt mehrere Wahlmöglichkeiten auf zwei. Der Bewegungspädagoge Moshe Feldenkrais hat gesagt: »Wer nur eine Alternative hat, steht unter Zwang. Wer lediglich zwei hat, steckt in einem Dilemma. Die Freiheit beginnt bei drei.«
Alles-oder-nichts-Denker stecken ständig in einem Dilemma. Für sie geht es sofort um Leben oder Tod. Wenn sie nicht gewinnen können, sehen sie sich als Versager. Das zerrt an den Nerven.
Wie kommt man aus diesem engen Denken heraus? Indem man es in Frage stellt und den Blickwinkel erweitert. Es geht darum,

- zu differenzieren,
- Grautöne und alle Farben des Regenbogens zu sehen,
- Fortschritte wahrzunehmen,
- Teillösungen zu akzeptieren und
- Kompromisse schätzen zu lernen.

Dadurch löst sich das Entweder-oder in einem Sowohl-als-auch auf.

98. Sollte ich Positives Denken lernen?

Gelegentlich wurde behauptet, Positives Denken sei gefährlich. Träfe dies zu, wäre es besser, sich nicht damit zu befassen. Aber dabei handelte es sich wohl um ein Missverständnis. Positives Denken wäre ja nicht positiv, wenn es negative Folgen hätte.

Wenn jemand Stress bekommt, dann ist sein Denken nie positiv, sondern negativ, irrational, ungesund, neurotisch oder was auch immer. Das Vorurteil gegen das Positive Denken stammt zum Teil daher, dass einige seiner VertreterInnen den Eindruck erweckt haben, man müsse pausenlos lächeln und dürfe niemals an Misserfolge denken, weil man diese dadurch unweigerlich anziehe.

Das Problem steckt in diesem Fall jedoch nicht im Positiven Denken selbst, sondern in dem damit verbundenen Zwang. Zu glauben, man dürfe sich niemals etwas Negatives vorstellen, aus Angst, es damit heraufzubeschwören, ist magisches Denken. Es kann sehr gesund sein, sich zu überlegen, was alles schiefgehen könnte. Sonst versäumt man es unter Umständen, sich rechtzeitig zu schützen. Reden Sie sich eine gute Zukunft nicht zwanghaft ein, aber halten Sie sie für möglich.

Ich bezog mich an anderer Stelle darauf, dass die Dosis das Gift macht. Zu viel Positives Denken kann genauso schädlich sein wie zu viel negatives. Aber wer denkt schon die ganze Zeit positiv?

Nach meinem Eindruck leiden die meisten eher unter den zahlreichen Formen des irrationalen Denkens, beispielsweise depressiven, überängstlichen und intoleranten Ideen. Daher grenzt es ans Absurde, vor Positivem Denken zu warnen. Das ist so, als würde man das Trinken eines Glases lauwarmen Wassers als gefährlich bezeichnen.

Einer der Pioniere des Positiven Denkens, Norman Vincent Peale, ein amerikanischer Pfarrer, der das Buch »Die Kraft positiven Denkens« geschrieben hat, wurde 95 Jahre alt. So schlimm kann die Methode also nicht sein.

Solange man darunter ein gesundes Maß an Optimismus, Vertrauen und Toleranz versteht, ist alles in Ordnung. Positives Denken kann unter dieser Voraussetzung dazu beitragen, mehr Gelassenheit zu entwickeln.

99. Würden mir Affirmationen helfen, in schwierigen Situationen gelassen zu bleiben?

Eine Affirmation ist ein Satz, den man regelmäßig, am Anfang mehrmals täglich, bekräftigt. Er bestätigt eine Erkenntnis, die man einmal gewonnen und als hilfreich empfunden hat. Durch die Wiederholung stellt man sicher, dass die Erkenntnis nicht schnell wieder in Vergessenheit gerät.
Solche Merkformeln können überaus nützlich sein, vorausgesetzt, sie drücken eine tiefe Wahrheit aus, von der man voll überzeugt ist. Sonst bleiben sie wirkungslos. Am besten ist es daher, Affirmationen selbst zu formulieren.
Eine ähnliche Funktion erfüllen Selbstinstruktionen. Sie haben sich in der Psychologie als wirksam erwiesen, wenn es darum geht, sich selbst zu neuem Verhalten anzuleiten.
Eltern verwenden sie in der Kindererziehung intuitiv, wenn sie ihren Sprösslingen beispielsweise beibringen, wie man sicher über die Straße kommt: »Erst links, dann rechts gucken.« So lernen Kinder, dass sie nicht einfach auf die Fahrbahn rennen dürfen, sondern zunächst feststellen müssen, ob diese frei ist.
Ich gebe Ihnen im Folgenden einige Beispiele, die Sie gegebenenfalls nach Ihren eigenen Bedürfnissen abändern oder durch eigene Affirmationen oder Selbstinstruktionen ersetzen können:

- *Nicht dramatisieren, auf die Tatsachen achten.* Damit erinnert man sich daran, nicht auf seine Katastrophenphantasien zu reagieren, sondern auf die Realität.
- *Es geht auch so.* Wenn die Dinge sich anders entwickeln, als wir uns das vorgestellt haben, neigen wir dazu, zu glauben, die Welt würde nun untergehen. Mit diesem Merksatz öffnet man seinen Blick für Alternativen.

- *Es hätte schlimmer kommen können.* Mit diesem Satz macht man sich schlagartig bewusst, dass man Glück im Unglück gehabt hat. Oft sieht man nur, wie sehr eine Situation vom vorgestellten Ideal abweicht, und vergisst dabei, dass sie weitaus ungünstiger sein könnte, als sie tatsächlich ist.

100. Darf ich gelassen bleiben, wenn auf der Welt so viel Unrecht geschieht?

Gestatten Sie bitte eine Gegenfrage: Wird die Welt dadurch gerechter, dass Sie sich Stress machen?
In einigen Kreisen herrscht die Auffassung, dass man aus Solidarität mit denjenigen, denen es schlechter geht als einem selbst, mitleiden müsse. Wenn man sein Brot esse, solle man an die Hungernden, am warmen Kamin an die Frierenden denken.
Ich sehe darin keinen Sinn. Damit macht man sich allenfalls ein schlechtes Gewissen. Die Hungernden bekommen durch diesen Akt des Mitleids nichts zu essen, die Frierenden werden nicht gewärmt.
Will man den Armen und Leidenden wirklich helfen, sollte man aktiv werden. Es gibt für jeden Missstand auf der Welt zahlreiche Initiativen. Wenn nicht: Gründen Sie eine. Die Ursachen des jeweiligen Leidens zu verstehen und wirksam einzugreifen ist eine hohe Kunst.
Blinder Aktionismus kann schlimmer sein als passives Mitansehen des Unglücks. Denken Sie nur an Menschen, die erste Hilfe leisten wollen, davon aber nichts verstehen und so den Verletzten noch mehr schaden.
Manche verwechseln Gelassenheit mit anderen Reaktionen wie Resignation, Tatenlosigkeit oder Gleichgültigkeit. Machen Sie bitte nicht denselben Fehler. Gelassene Menschen sind wach, aktiv und mitfühlend. Sie unterschätzen und überschätzen ihre Möglichkeiten nicht. Sie leisten ihren Beitrag und tragen nicht die ganze Last der Welt auf ihren Schultern.
Sparen Sie sich den Stress. Nutzen Sie Ihre Energie lieber, um effektiv zu helfen. Der Stress macht Sie auf Dauer nur kaputt. Dann können Sie niemandem mehr helfen, sondern benötigen selbst Unterstützung. Und was hätten Sie damit gewonnen?

Bonusfrage:
Wenn ich mir nur eine Sache aus diesem Buch merken möchte, welche sollte dies sein?

Die meisten Menschen kennen den Zusammenhang zwischen ihrem Denken, Fühlen und Handeln nicht. Sie glauben, emotional von den Umständen und ihren Mitmenschen abhängig zu sein. Das stimmt aber nicht; denn:

Wir fühlen und handeln so, wie wir denken.

Das ist die zentrale Aussage dieses Buchs. Wenn man sie wirklich versteht und beherzigt, besitzt man den Schlüssel, um sich von Stress für immer zu befreien.

Niemand kann uns vorschreiben, wie wir zu denken haben. Die Gedanken sind bekanntlich frei. Stressgedanken verursachen Stress. Die äußeren Ereignisse sind stets nur Anlässe, Stellung zu nehmen. Durch vernünftige Gedanken wahren wir das innere Gleichgewicht. Mit irrationalen Phantasien verlieren wir es.

Denkfehler lassen sich korrigieren. Sich seine Gedanken bewusst zu machen ist der erste Schritt in diese Richtung. Anschließend überprüft man sie anhand der Tatsachen. Stimmen sie mit der Wirklichkeit überein, oder handelt es sich nur um eine wilde Phantasie? Verursacht es Stress, so zu denken, oder hilft es einem, gelassen zu bleiben?

Je konsequenter Sie Ihre Stressgedanken aufgeben, desto mehr stärken Sie Ihre Gelassenheit.

Literatur

Benson, Herbert: *The Relaxation Response*. New York 1975.

Burns, David: *Feeling good – Depressionen überwinden, Selbstachtung gewinnen*. Paderborn 2006.

Burns, David: *When panic attacks. The new, drug-free anxiety therapy that can change your life*. New York 2006.

Byron Katie: *Lieben, was ist. Wie vier Fragen Ihr Leben verändern können*. München 2002.

Csikszentmihalyi, Mihaly: *Flow. Das Geheimnis des Glücks*. Stuttgart 2008.

Ellis, Albert: *Training der Gefühle. Wie Sie sich hartnäckig weigern, unglücklich zu sein*. Neuauflage, München 2006.

Feldenkrais, Moshe: *Bewußtheit durch Bewegung. Der aufrechte Gang*. Frankfurt am Main 1968.

Hohensee, Thomas: *Gelassenheit beginnt im Kopf – So entwickeln Sie einen entspannten Lebensstil*. Neuausgabe, München 2015.

Hohensee, Thomas: *Das Gelassenheitstraining – Wie wir Ärger, Frust und Sorgen die Macht nehmen*. München 2014.

Jacobson, Edmund: *Entspannung als Therapie. Progressive Relaxation in Theorie und Praxis*. München 1990.

Kabat-Zinn, Jon: *Gesund durch Meditation. Das große Buch der Selbstheilung mit MBSR*. München 2013.

Kornfield, Jack: *Erleuchtung finden in einer lauten Welt. Buddhas Botschaft für den Westen*. München 2013.

Middendorf, Ilse: *Der erfahrbare Atem. Eine Atemlehre*. Paderborn 1990.

Thomas Hohensee

Gelassenheit beginnt im Kopf

So entwickeln Sie einen entspannten Lebensstil

Selbst in turbulenten Zeiten ist es möglich, gelassen zu bleiben. Aber wie? Der Bestsellerautor und Coach Thomas Hohensee hat eine überraschend einfache Antwort: das Denken entspannen. Wenn alles schiefzulaufen scheint und das Chaos losbricht – wechseln Sie die Denkrichtung. Spannen Sie einen Schirm auf, und der Regen prallt an Ihnen ab. Das wunderbare Leben beginnt im Kopf – die Gelassenheit auch!

Polly Campbell

Lebe lieber unperfekt

Anleitung zum Unvollkommensein

Glauben Sie auch, immer perfekt sein zu müssen? Top gestylt, die klügsten Ideen im Job, die beste Mutter und Ehefrau der Welt und bitte regelmäßig Sport treiben, vegan ernähren und für alle Freunde stets erreichbar sein? Und haben Sie auch das Gefühl, dabei Ihren Kopf zu verlieren? Dann wird es Zeit, zu akzeptieren, dass Sie nicht perfekt sind und dass das auch gut so ist. Denn wer sich von all dem Druck befreit, wird sich leichter und glücklicher fühlen. Die eigenen Fehler werden nichtig, und das Leben bekommt eine völlig andere Perspektive.

Mit kleinen Übungen, die in jedem stressigen Alltag Platz finden, kann das Leben entschleunigt werden – und Sie werden gelassener und zufriedener.

Timber Hawkeye

Sit happens

Buddhismus in allen Lebenslagen

Buddhismus im 21. Jahrhundert – ein Leitfaden zum Glücklichsein. Trainieren Sie Ihren Geist! Diese Grundidee des Buddhismus verpackt Timber Hawkeye in neuer und leicht verständlicher Form. Mit kurzen und klaren Inspirationen, die in beliebiger Reihenfolge gelesen werden können, bereichert Sit Happens Ihren Alltag – ganz ohne dogmatische Lehren. Verständlich, schnell und für jede Gelegenheit.